L'étang de loisir
Aménagement
Gestion et Pêche

Ouvrages parus aux Éditions Bordas

Le manuel du pêcheur
sous la direction de Henri Limouzin

Guide de la pêche en France
Henri Limouzin et Daniel Maury

L'univers de la pêche
Préface de Henri Limouzin

Ouvrages parus dans la même collection

La carpe, poisson de sport
Dominique Audigué et Henri Limouzin

Le silure, poisson trophée
Jean-Pierre Poulalier et Henri Limouzin

La pêche aux leurres souples
Michel Naudeau et Henri Limouzin

Collaborateurs

Édition	Agnès Dumoussaud
Fabrication	Sandrine Allain Gisèle Paris
Lecture et correction	Alain Othnin-Girard Danielle Blondy
Conception et mise en pages	Dominique Gauron
Dessins	Christian Imbert
Photographies en couleurs	Ph. © Pierre Affre Ph. © Martine Courtois (pp. 8 - 13 - 16 - 17 - 37 - 40 - 45 "haut gauche" - 60 "haut" 61 - 69 - 72 - 73 - 116 - 123)
Couverture	EN PRINT
Responsable d'édition	Christian Dorémus

© Éditions Bordas. Paris 1990
I.S.B.N. 2-04-012988-X

« Toute représentation ou reproduction, intégrale ou partielle, faite sans le consentement de l'auteur, ou de ses ayants-droit, ou ayants-cause, est illicite (loi du 11 mars 1957, alinéa 1ᵉʳ de l'article 40). Cette représentation ou reproduction, par quelque procédé que ce soit, constituerait une contrefaçon sanctionnée par les articles 425 et suivants du Code pénal. La loi du 11 mars 1957 n'autorise, aux termes des alinéas 2 et 3 de l'article 41, que les copies ou reproductions strictement réservées à l'usage privé du copiste et non destinées à une utilisation collective d'une part, et, d'autre part, que les analyses et les courtes citations dans un but d'exemple et d'illustration »

Collection « Pêche moderne »

L'étang de loisir Aménagement Gestion et Pêche

par
PIERRE AFFRE

BORDAS

Sommaire

Préface de H. Limouzin	6
Création ou acquisition d'un plan d'eau	9
Création d'un plan d'eau	9
Acquisition d'un plan d'eau	33
Étang en eau (connaissance du milieu)	41
Notions d'écologie aquatique	41
Espèces nuisibles	54
Espèces indésirables	58
Espèces intéressantes	59
Cas particuliers	71
Entretien et gestion	82
La pêche	103
Entretiens et travaux	124
La législation	126
Glossaire	140
Renseignements et adresses utiles	142
Bibliographie	144

Préface

Posséder un petit plan d'eau à proximité de sa maison d'habitation, c'est le rêve d'un nombre sans cesse croissant, depuis ces 10 ou 15 dernières années, de possesseurs de petites propriétés à la campagne ou de résidences secondaires voisines de grandes agglomérations. Le volume du courrier que reçoivent à ce sujet les revues halieutiques est révélateur : il ne se passe guère de journées sans qu'un lecteur ne sollicite des conseils pour creuser ou peupler un petit étang, demande qu'on lui révèle le moyen de se débarrasser des algues filamenteuses qui envahissent son « trou d'eau » ou bien qu'on lui fasse connaître ses droits concernant la pêche dans son « enclos piscicole ».

On peut s'interroger sur les causes d'un tel engouement. A priori, il ne semble pas que la pêche soit la motivation essentielle de la majorité de ces « rêveurs », car beaucoup ne se mettent à pêcher que par la suite et certains, même, n'y pêchent jamais. Il apparaît plutôt que leur première motivation soit le seul désir d'avoir sous les yeux un petit monde aquatique pour jouir de sa simple beauté naturelle et partager la passionnante et poétique intimité des créatures qui s'y sont fixées, de la même manière qu'ils ont constitué par ailleurs un parc plein d'arbres, de fleurs et d'oiseaux, tout cela comme cadre de leur propre vie.

Le manège et le coassement des grenouilles parmi les fleurs de nénuphars, la diaphane légèreté des libellules papillonnant au-dessus des roseaux à massette, l'éclatement en étoile d'une troupe de gardons pourchassée par un brochet, le toujours touchant spectacle d'une famille de petits canards nageant à la suite de leur mère cane, toutes ces petites scènes et tant d'autres qui font le charme éminemment changeant au fil des saisons d'un microcosme aquatique, fût-il simple bassin d'ornement, voilà bien qui suffit déjà à expliquer le rêve d'un amoureux de la nature d'en jouir quotidiennement sans avoir à sortir de chez lui et sans être gêné dans ses observations par la présence d'étrangers perturbateurs.

Il peut aussi souhaiter quelque chose d'un peu plus grand et de plus sauvage pour s'y intégrer pleinement à l'occasion de longues promenades, avec ou sans appareil photographique, canne à pêche ou fusil. Il peut enfin être tenté par la production piscicole pour la pêche sportive ou aux engins ou bien par l'élevage de gibier d'eau pour le tir. Bref, les motivations sont d'ordres divers mais toutes fondées sur un certain sentiment de la nature.

Naguère, n'importe qui pouvait vivre cela au bord de la rivière ou de l'étang local, comme tout le monde, sans éprouver le désir un peu égoïste d'en être le propriétaire et seul à en jouir à l'intérieur d'une clôture. De nos jours, lassés de voir le milieu naturel «public» agressé, pollué, saccagé, pillé et envahi par des hordes de visiteurs bruyants et sans gêne, beaucoup ne voient d'autre solution que de se constituer sa petite «réserve naturelle» à soi, de la gérer et d'y vivre comme il l'entend. Pour ceux qui aiment la pêche, ce désir d'isolement est encore accentué par la terrible complication de la réglementation de la pêche en France, où l'on frôle constamment l'infraction même avec la meilleure foi du monde et aussi par la mentalité rétrograde et systématiquement contraignante pour le pêcheur tout en restant d'un laxisme décourageant pour les pillards et les braconniers, des responsables de nos structures gestionnaires...

Seulement il ne faut pas que le rêve masque les réalités. Créer un plan d'eau d'agrément ou de loisir, même de petite superficie, n'est pas aussi facile que beaucoup l'imaginent : il ne s'agit pas seulement de faire creuser un trou et d'attendre qu'il se remplisse d'eau pour y introduire des poissons ! En outre, dès l'instant que les choses sont en place, commence une lutte de tous les instants pour maintenir en équilibre un milieu éminemment vulnérable, de la même manière qu'il faut mener un combat de tous les instants pour protéger un jardin que l'on aurait ouvert au milieu d'une forêt pour le défendre contre une nature exubérante qui ne cesse de tenter de reconquérir son état sauvage. À un moment de l'année, ce sont les algues filamenteuses ou les lentilles d'eau qui vont envahir tout le milieu aquatique ; à une autre époque, c'est l'eau qui va devenir complètement opaque ; ou bien une maladie qui va se propager chez certaines espèces ; ou encore une espèce qui va pulluler et souffrir de manisme ; à chaque automne, les feuilles mortes vont boucher les grilles ou bien, à la longue, rendre l'eau trop acide, provoquer l'envasement de certaines zones. Il faut craindre les phénomènes d'eutrophisation provoqués par les excès de fertilisants, etc.

Entretenir et gérer un plan d'eau peut devenir une lourde charge et il faut bien le savoir avant de se lancer dans cette aventure. C'est pour répondre à la très forte demande de ceux qui souhaitent vraiment créer un plan d'eau d'agrément et de loisir et leur éviter les coûteuses erreurs et les déceptions que nous avons demandé à l'un des meilleurs spécialistes actuels, Pierre Affre, de rédiger cet ouvrage qui a bien sa place dans une *Collection* «Pêche moderne» même si la pêche n'est pas toujours la destination essentielle du plan d'eau souhaité, nous l'avons vu.

Ayant une solide formation scientifique (il est vétérinaire de son état) et participant à la plupart des colloques nationaux et internationaux sur la gestion des milieux et des espèces aquatiques, Pierre Affre se double d'un pêcheur sportif de grande valeur, qui a lancé sa ligne dans presque toutes les eaux du monde et s'est acquis une grande renommée comme auteur halieutique et aquicole, collaborant à toutes les grandes revues spécialisées françaises et étrangères. À ce double

titre, il s'est spécialisé dans les problèmes de gestion de plans d'eau et d'acclimatation d'espèces nouvelles capables de résoudre certains problèmes écologiques ou d'accroître l'intérêt de la pêche sportive. Il a lui-même créé et géré, à Vert-en-Drouais, en Eure-et-Loir le premier «réservoir» français de pêche de la truite à la mouche sur le modèle anglais.

Tout cela confère à Pierre Affre une compétence et une expérience incontestables que l'on retrouvera dans les pages de cet ouvrage conçu pour guider pas à pas tous ceux qui souhaitent créer un plan d'eau d'agrément, qu'il s'agisse d'un grand étang pour la pêche ou d'un modeste bassin d'ornement où ils puissent jouir du grand bonheur de regarder vivre les hôtes du monde aquatique...

Henri Limouzin

Un plan d'eau nouvellement créé en zone agricole.

Création ou acquisition d'un plan d'eau

CRÉATION D'UN PLAN D'EAU

Autorisations et démarches administratives

Tant que vos travaux ne modifient pas l'écoulement des eaux de surface (prise et rejet), c'est-à-dire si votre futur plan d'eau n'est ni traversé ni alimenté par une rivière ou un ruisseau, il n'est nul besoin d'autorisation. Dans le cas contraire, vous devrez soumettre votre projet à une enquête publique à la mairie, qui transmettra à la préfecture, qui transmettra à la D.D.A. (Direction départementale de l'agriculture), qui demandera l'avis de l'ingénieur de région piscicole du Conseil supérieur de la pêche, qui bien souvent demandera lui-même l'avis du président de La fédération départementale des pêcheurs. Les démarches administratives sont souvent très longues et fastidieuses, et il ne faudra pas vous décourager. Il est vrai qu'au cours de ces trente dernières années, la multiplication anarchique de petits ou moyens plans d'eau en dérivation sur des rivières ou traversés et alimentés par des ruisseaux a, dans certaines régions, entraîné un réchauffement et une évaporation importantes des eaux de surface avec des conséquences néfastes, sur la faune salmonicole tout particulièrement.

Les plans d'eau qui ne sont en communication avec aucun cours d'eau, échappent, eux, normalement à la police des eaux. Tout propriétaire a le droit «d'user et de disposer librement des eaux pluviales qui tombent sur son fonds et peut toujours user des eaux de la source qu'il a sur son fonds dans les limites et pour les besoins de son héritage». Mais pour autant, ces plans d'eau, surtout s'ils sont de grande superficie ou de profondeur importante les mettant en rapport avec la nappe phréatique, n'échappent pas à toute réglementation. S'ils peuvent, par déversement ou par infiltration, constituer un fait susceptible d'altérer les eaux superficielles ou souterraines, ils sont alors soumis aux dispositions de la loi du 16 décembre 1964 et plus particulièrement à celles de son article 6.

La création d'un plan d'eau, quel que soit par ailleurs son mode d'alimentation, peut être également soumise au code de l'urbanisme, si le plan d'occupation des sols (P.O.S.) vise spécialement la création d'étangs. De même, en cas d'existence d'un P.O.S., si les affouillements ou exhaussements nécessaires à la création d'étang intéressent une superficie supérieure à 100 m^2 (10 x 10 m seulement, ou 1/100e d'hectare) ou sont d'une hauteur supérieure à 2 m. Enfin, les travaux ne devront pas affecter «la salubrité, la sécurité ou la tranquillité publique, le caractère ou l'intérêt du voisinage, les sites ou le paysage, l'exercice des activités agricoles ou forestières, la conservation des milieux naturels, de la flore ou de la faune». Comme on le voit, les moines bâtisseurs d'étangs qui dès le XIIe siècle modelèrent le paysage de régions entières comme la Brenne, la Dombes ou la Lorraine, et plus près de nous la Sologne, n'auraient plus aucune chance d'arriver à leurs fins aujourd'hui. Heureusement, dans la pratique, si vous ne dérangez pas le voisinage et si vous vous contentez de creuser un terrain vous appartenant pour récolter de l'eau de pluie ou de source, ou pour faire affleurer une nappe sous-jacente, nul ingénieur de la D.D.A. ou de la D.D.E. (Direction départementale de l'équipement) ne devrait venir vérifier si votre plan d'eau dépasse les 100 m^2.

Choix du site (étang vidangeable ou ballastière)

Que ce soit lors de la création ou de l'acquisition d'un plan d'eau, le choix du site est d'une extrême importance. Il doit être réfléchi et raisonné et devra tenir compte de plusieurs impératifs : la région, la nature des sols et du sous-sol, l'environnement immédiat (prairies ou forêts), la possibilité ou non de vidange et, enfin, la proximité et l'accessibilité de l'étang.

Dans de nombreuses régions, la Brenne, la Sologne, la Dombes, la Lorraine, les étangs sont une tradition ancestrale et sont tous plus ou moins reliés entre eux. On parle de chaînes d'étangs construits soit en dérivation, soit en succession. Dans ces régions, vous n'aurez guère la possibilité de faire construire un nouveau plan d'eau, tant il est vrai que depuis le Moyen Âge, toutes les zones favorables ont été aménagées. De plus, vos travaux risqueraient de court-circuiter des étangs déjà existants avec tous les risques de litiges que cela comporte. Dans de nombreuses autres régions et depuis une trentaine d'années, à la périphérie des grandes agglomérations, partout où on a dû construire, des entreprises spécialisées ont creusé dans le sous-sol des vallées alluvionnaires pour extraire les granulats (sable, graviers) et autres matériaux

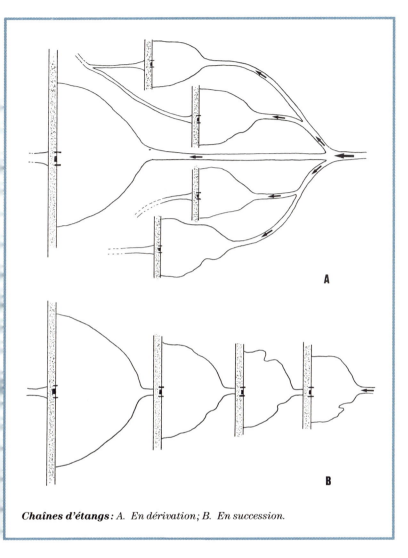

Chaînes d'étangs: A. *En dérivation;* B. *En succession.*

de construction. La nature ayant horreur du vide, la nappe phréatique a rempli ces ballastières, fouilles, sablières, gravières, d'une eau généralement de très bonne qualité. Les plus grandes d'entre elles ont presque toujours fait l'objet d'un rachat ou d'une location par les municipalités ou des syndicats mixtes intercommunaux qui les ont aménagées en base de loisirs nautiques. Mais pour des raisons de législation sur la protection des sites et pour échapper aux études d'impact imposées depuis une dizaine d'années par le ministère de l'Environnement, de nombreux exploitants de carrières humides préfèrent creuser plu-

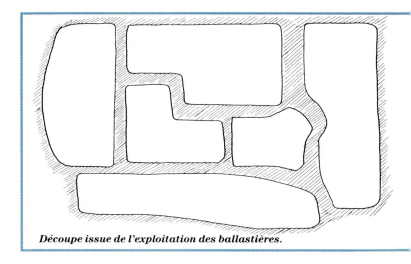
Découpe issue de l'exploitation des ballastières.

sieurs petits plans d'eau voisins les uns des autres plutôt qu'une seule grande pièce d'eau. Les démarches administratives d'autorisation d'exploitation sont ainsi grandement facilitées. Dans de très nombreuses vallées alluviales, il en résulte une multitude de petits plans d'eau généralement séparés par des levées de terre grossièrement aplanies qui servaient de routes aux engins de l'exploitation. La remise en état après exploitation fut le plus souvent limitée à la plantation sur les digues de rangées de peupliers. Souvent ces petites ballastières d'une superficie comprise entre un et cinq hectares sont acquises par des pêcheurs ou des chasseurs de gibier d'eau. On peut les découvrir en se

Travaux de terrassement pendant la mauvaise saison.

promenant le long de leurs berges, mais le meilleur moyen de les apercevoir est encore de pouvoir les survoler avec un petit avion et de les photographier vues du ciel. On découvrira ainsi des plans d'eau insoupçonnés, souvent situés à quelques centaines de mètres seulement d'un mauvais chemin, où la voiture s'était enlisée...

Autant pour une gestion piscicole rationnelle, les ballastières et autres plans d'eau non vidangeables présentent de nombreux inconvénients, autant pour la pêche de loisir et sous certaines conditions d'aménagement et d'exploitation (voir p. 71) ils peuvent tout à fait convenir. D'ailleurs, en de nombreuses régions, il n'y a pas le choix. Comparé aux étangs traditionnels, le prix de ces plans d'eau n'a d'ailleurs pas augmenté considérablement. Il s'en crée des milliers tous les ans.

Les étangs vidangeables, à condition que la bonde ou le moine soit en état de fonctionner, présentent bien évidemment des avantages, surtout du point de vue du contrôle des populations piscicoles qui y vivent. Qu'ils soient construits en dérivation sur un ruisseau, alimentés par des eaux de source ou de ruissellement, ils permettent une gestion aquacole plus équilibrée. Mais attention! Dans les régions de cultures, ils peuvent présenter pour la pêche de loisir de graves inconvénients que les ballastières évitent en général. Leur faible profondeur et les apports importants d'engrais par le ruissellement depuis le bassin versant les

Un «moine» de vidange de conception moderne.

transforment bien souvent en une masse d'eau soit très eutrophisée (développement d'algues unicellulaires et filamenteuses), soit complètement envahie par les herbiers (végétaux aquatiques supérieurs) rendant la pêche à la ligne très difficile, voire impossible dans certains cas. Des solutions heureusement existent (voir p. 64) mais la faible profondeur et surtout l'envasement de beaucoup d'étangs traditionnels, quand ils sont de faible superficie, seront toujours des facteurs très négatifs en vue d'une exploitation pour la pêche d'agrément. Dans d'autres cas, ce sont de dangereux insecticides ou autres pesticides agricoles, souvent toxiques pour les poissons et pour la microfaune aquatique qui aboutiront dans l'étang. Les concentrations de ces produits y seront ici encore d'autant plus importantes que l'étang sera moins profond. Alors que pour un étang on doit raisonner en superficie, pour les ballastières même d'une petite surface, ce sont des volumes d'eau souvent très importants dont il faut tenir compte. Exception faite de certaines régions où la nappe phréatique est très chargée en nitrates, voire polluée, l'eau des gravières ou des sablières (filtrée à travers les strates alluvionnaires) est généralement de très bonne qualité pour la vie piscicole.

Réalisation, construction, protection des fonds et des berges, etc.

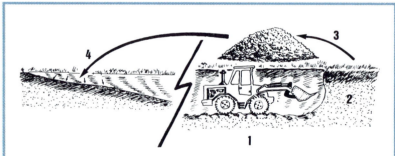

Utilisation de la terre végétale de couverture : *1. Creusement de l'étang ; 2. Granulats ; 3. Terre végétale de surface stockée pendant le travail ; 4. Réutilisation de la terre végétale sur les pentes douces.*

À moins de disposer soi-même d'un engin de terrassement, bulldozer ou engin à godets, et de savoir l'utiliser, il vous faudra faire appel à un entrepreneur spécialisé. Dans les régions où, ces dernières années, la création de petits et moyens plans d'eau a fait tache d'huile (le Limousin, par exemple), le mieux est de demander à un propriétaire satisfait les coordonnées de son terrassier. Dans tous les cas, néanmoins,

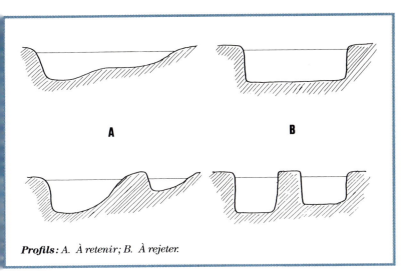

Profils : A. À retenir ; B. À rejeter.

il est important que vous soyez présent sur les lieux lors des travaux de creusement. Pour une petite pièce d'eau, sur un terrain bien choisi, ceux-ci ne demanderont quelquefois qu'une ou deux journées de terrassement. La forme, les contours, le profil du fond de votre futur plan d'eau, seront déterminés à ce moment-là et conditionneront en grande partie la capacité d'accueil biogénique de l'étang. N'oubliez pas que des fonds plats, réguliers, des berges verticales creusées à coups de godets et des contours géométriques n'offrent qu'un minimum de postes, d'habitats pour la faune comme pour la flore d'ailleurs. Quand la nature du sol s'y prêtera, exigez du terrassier qu'il crée quelques fosses de 50 cm à 1 m de profondeur, de-ci, de-là, dans le fond. Veillez à ce que la terre végétale de couverture, quand elle existe, soit repoussée en pente douce sur les berges. La flore aquatique et amphibie trouvera alors des conditions propices à une bonne implantation.

Le choix du site sera bien évidemment avant tout fonction de vos exigences et désirs, mais il vous faudra auparavant tenir compte de la nature des sols et sous-sols, ainsi que du relief en place. L'idéal est de choisir un emplacement à faible dépression ou à la rigueur en terrain plat. Le problème de la perméabilité est à considérer en priorité. Les sols les plus contre-indiqués sont les calcaires fissurés ou les graviers, qui risquent un jour ou l'autre de donner naissance à des « renards » ou trous dans le fond du plan d'eau par où l'eau va s'engouffrer inévitablement. Si vous n'avez pas d'autres choix, il existe aujourd'hui des procédés d'imperméabilisation des mauvais sols qui, pour de petites superficies, comme nous les envisageons ici, sont d'un coût raisonnable. L'épandage et le compactage d'argile, à condition qu'une épaisseur d'au moins 50 cm soit assurée, permettent généralement et au meilleur prix une étanchéité correcte. Ce procédé bon marché n'est cependant valable que si votre pièce d'eau ne s'assèche jamais, car la fissuration de l'argile par évaporation, lors d'une période de sécheresse, vous renverrait à la case départ. L'utilisation de bentonite (voir adresse des entrepreneurs spécialisés p. 143) reste, et de loin sur les terrains poreux ou fissurés, le meilleur procédé. Les bentonites sont des argiles particulières, dites thyxotropiques, qui ont un pouvoir de gonflement phénoménal, de l'ordre de 14 à 18 fois leur volume sec, quand elles sont mises au contact de l'eau. Comme valeur moyenne, prévoir 100 kg de bentonite pour un carré de fond de 5 cm de côté à étanchéifier. La bentonite doit être répandue régulièrement sur le sol où on doit la faire pénétrer d'au moins 10 à 15 cm, à l'aide d'un disque, d'une herse à pointes ou même d'un fort râteau à main pour les petites superficies. Le compactage se fait ensuite au rouleau, afin de bien tasser la couche. Le fond est alors prêt à être mis en eau.

Pour les autres types de sol, argileux, argilo-sableux, voire sableux, ne pas oublier que les fuites s'atténuent toujours dans les années qui suivent la mise en eau. Un sable argileux peut constituer un bon fond d'étang, aussi bon sinon meilleur qu'une argile pure qui comporte toujours des fissures, surtout si elle repose sur une couche de calcaire. Un sol sableux, en apparence peu propice, finit généralement par s'imperméabiliser dans les trois ou quatre ans qui suivent sa mise en eau. Les alluvions, les matières végétales en décomposition, la vase qui inéluctablement se dépose sur le fond, finissent par obstruer les orifices et les fissures. Ne vous étonnez donc pas si, les premières années après la mise en eau, les pertes par infiltration sont importantes. La patience et

Une ballastière durant sa phase d'exploitation industrielle.

Création ou acquisition d'un plan d'eau

L'étanchéité totale par feuille plastique est une affaire de spécialiste.

la bentonite — éventuellement distribuée par saupoudrage si la pièce d'eau ne peut être vidangée — en viendront souvent à bout. Dans ce dernier cas, la bentonite sous forme sèche, à raison de 2 à 10 kg par m^2, sera répandue à la volée, à l'aide d'une pelle pour les petites superficies, d'un bateau épandeur pour les surfaces plus grandes de préférence un jour sans vent, quand la surface de l'eau est la plus calme.

À côté de ces pertes par infiltration que l'on arrive normalement à limiter, il faudra toujours calculer les pertes par évaporation qui, dans certaines régions, sans apport constant d'eau, auront tôt fait d'assécher la mare la plus écologiquement dessinée et creusée. En France, hors région méditerranéenne, l'évaporation moyenne annuelle est de 600 à 700 mm d'eau. En région méditerranéenne, ces chiffres sont à multiplier par deux, soit 1,20 m à 1,50 m d'eau évaporée au cours d'une année. Nous voyons immédiatement qu'en dehors d'un apport ou d'un renouvellement constant de l'eau des petits plans d'eau, il est impossible, dans ces régions, de conserver durant l'été l'eau des précipitations de l'hiver et du printemps. Dans les régions pluvieuses, ces pertes par évaporation seront bien évidemment compensées.

Les problèmes d'étanchéité résolus, il faudra demander à l'entrepreneur de modeler, en le diversifiant autant que faire se peut, le relief du fond. Les zones profondes, assez stériles du point de vue de la productivité aquacole, seront néanmoins nécessaires comme lieux de refuge ou de repos pour de nombreux poissons.

Elles devront être séparées par de vastes étendues d'eau peu profondes (1 m à 1,5 m). Des îlots seront prévus, éloignés le plus possible des berges. Ces zones de hauts-fonds devraient représenter au moins un quart ou un tiers de la superficie totale en eau.

Création ou acquisition d'un plan d'eau

Après le fond, les berges et surtout leur découpage et leur déclivité seront le deuxième facteur d'importance à considérer. Plus les contours d'un étang seront sinueux, invaginés en doigts de gant, avec des presqu'îles et des reculées, plus vous y assurerez de territoires indépendants et isolés qui seront autant de postes pour les poissons carnassiers mais aussi pour les autres animaux (oiseaux, mammifères) et enfin pour les pêcheurs. Les berges ne devraient être abruptes qu'en de rares endroits, si possible répartis le long du pourtour. Les bordures à fortes pentes sont fragiles et stériles, elles ne favorisent pas la stabilité des biotopes et, de plus, elles sont dangereuses en raison des risques d'éboulement. La diversification du contour et du profil des berges permet un développement diversifié de la végétation aquatique de ceinture, facteur d'esthétique et créateur d'habitats variés. La terre végétale de couverture, stockée de préférence au centre de l'emprise du futur plan d'eau, sera ensuite repoussée sur les berges pour en atténuer la déclivité et permettre, par la suite, l'implantation d'une couverture végétale aquatique, subaquatique et rivulaire. Exception faite des saules dont les racines stabilisent les bordures et dont les branchages bas immergés favorisent la faune tant aquatique (frayères à poissons en l'absence d'herbiers) que terrestre (nidification des canards), les plantations arbustives ne sont pas à conseiller trop près, ni le long des berges d'un étang.

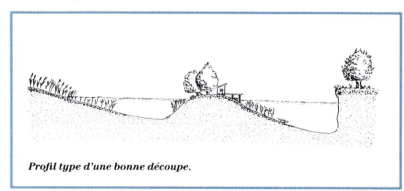

Profil type d'une bonne découpe.

Coût, financement, fiscalité

Nous abordons ce chapitre avec une très grande prudence, tant d'une région à l'autre, voire d'un plan d'eau à l'autre, les coûts de création, d'aménagement ou d'achat peuvent être variables. Ainsi selon la nature du terrain, sa déclivité ou son accessibilité, le rendement d'un bulldozer peut varier dans des proportions considérables. Chaque cas de figure, du moins en création, est un cas particulier et il convient toujours, pour ne pas avoir de surprise désagréable, de demander un devis, normalement gratuit, à l'entrepreneur chargé des travaux. À titre indicatif, le coût des travaux au bulldozer «spécial marais» se situe entre 450 et 600 F/heure (prix H.T. 1987-1988). Ce qui équivaut à un prix de revient pour le propriétaire de 7 à 8 F/m^3 de terre déplacée en terrain facile mais qui peut atteindre 14 à 20 F/m^3 en terrain difficile. L'efficacité d'un bull dépend évidemment de la puissance de l'engin mais aussi de l'habileté du conducteur.

Le prix des étangs ou des ballastières «clef en main» est encore plus variable et dépend plus de la situation, de l'accessibilité et du cadre que de la superficie. En règle générale, le prix de vente des étangs vidangeables est souvent le double, le triple dans certaines régions, du prix des terres labourables voisines. Mais attention, si ces dernières années le prix de la terre agricole est en constante diminution (5 à 12% par an), il n'en est pas de même de celui des plans d'eau. Comme moyenne nationale, en étangs de pisciculture vidangeables, il faut compter autour de 50 000 F par hectare. Cependant, un petit étang sera toujours beaucoup plus cher qu'un grand, toute proportion gardée. Dans le cas des ballastières, les prix sont encore plus variables (du simple au triple, selon les régions et le cadre) et le prix moyen de 20 000 F par hectare ne peut être qu'un ordre de grandeur.

Question financement, seule la mise en valeur d'étangs à caractère piscicole (assimilé à l'agricole) peut donner lieu à une affectation de subvention de la part de la D.D.A. De même pour les prêts de type agricole et les primes à l'installation. Mais dans le cadre de la politique de déprise agricole qui se dessine actuellement au niveau européen, il se peut que dans les prochaines années des conditions avantageuses pour la création de plans d'eau de loisir ou simplement «paysagers» soient consentis par les régions. Cela afin de conserver une certaine harmonie à l'environnement rural et éviter qu'il ne se détériore.

Question fiscalité, l'étang est un bien imposable et s'il n'existe pas de règle d'imposition spécifique aux plans d'eau, ils sont passibles de la taxe foncière et éventuellement (pour les étangs de pisciculture) soumis à déclaration sur les revenus qu'ils fournissent. La taxe foncière sur les étangs est calculée sur une base égale à 80% de la valeur locative cadastrale du terrain.

Lutte contre les nuisibles

De toute la faune terrestre ou amphibie qui habite autour de l'étang, nous ne considérons comme nuisibles que trois espèces de rongeurs : le campagnol aquatique (*Arvicola amphibius*), souvent confondu avec le vrai rat d'eau ou surmulot encore appelé rat d'égout (*Rattus norvegicus*) et enfin le rat musqué (*Ondatra zibethica*). Contraire-

Création ou acquisition d'un plan d'eau

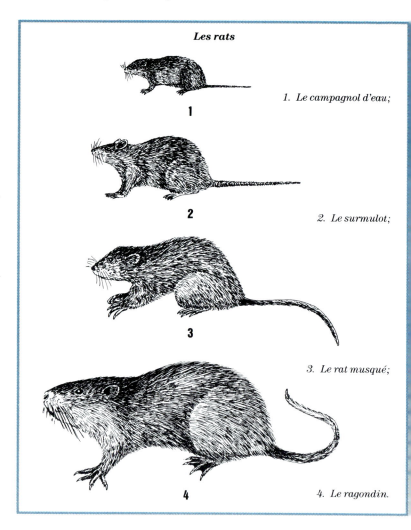

Les rats

1. Le campagnol d'eau ;

2. Le surmulot ;

3. Le rat musqué ;

4. Le ragondin.

ment au ragondin, qui est en fait un « mini-castor », strictement végétarien et qui construit une hutte, ces trois espèces sont préjudiciables à la faune piscicole (consommation d'œufs de poissons, d'alevins, de mollusques aquatiques et d'écrevisses...) mais surtout elles creusent des galeries qui aboutissent à un terrier et minent ainsi les berges et les digues de nos plans d'eau.

Là où ils sont présents en nombre suffisant, les renards sont encore les meilleurs régulateurs de leurs populations. Partout ailleurs, il faut bien souvent recourir au piégeage. Deux types de pièges sont utilisés. Les pièges nus, soit « à fil tendu » soit à palettes (voir schémas), que

Création ou acquisition d'un plan d'eau

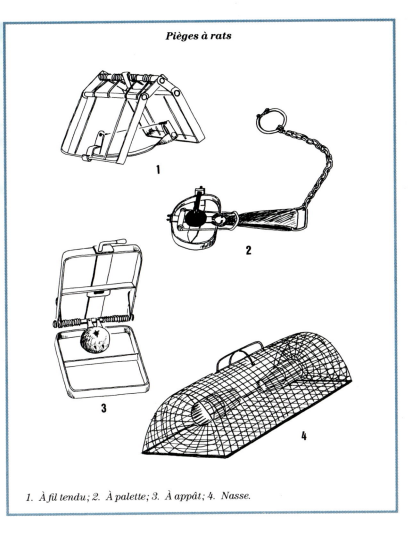

Pièges à rats

1. À fil tendu; 2. À palette; 3. À appât; 4. Nasse.

l'on place dans les coulées fréquentées, à l'entrée des terriers, sur les pistes du fond et qui se déclenchent au passage de l'animal lorsqu'il appuie sur la palette ou heurte le fil tendu. Les pièges à appâts que l'on tend sur les berges, juste au-dessus du niveau des eaux. Ces derniers sont surtout efficaces en hiver et au début du printemps quand la nourriture est rare et les rongeurs affamés. L'appât le plus utilisé est la pomme, mais on peut également employer la carotte ou le céleri. L'emploi de nasses adaptées aux rongeurs, il en existe de multiples modèles, donne également de bons résultats (voir dessin) mais de même que pour le piégeage, ces techniques nécessitent un savoir-faire difficile à communiquer par l'écriture, et devront chaque fois que possible être confiées à un «spécialiste» de l'endroit (garde-chasse ou garde-champêtre), que l'on retribuera à la capture.

De plus en plus souvent on utilise pour limiter la prolifération de ces nuisibles des appâts empoisonnés aux anticoagulants. Ce terme générique regroupe une famille de produits chimiques qui, une fois absorbés par l'organisme, empêche la synthèse de la vitamine K, nécessaire au processus de la coagulation sanguine. Ils se présentent soit sous forme de grains (blé ou orge) déjà traités et que l'on dispose à proximité de l'entrée des terriers, soit sous forme de concentré huileux à mélanger avec des morceaux de pomme, de carottes ou de betteraves coupées en rondelles d'un demi à un centimètre d'épaisseur.

Les précautions sanitaires et les principales maladies pisciaires

Qu'il s'agisse de poissons, d'oiseaux ou de mammifères, la principale cause de maladies provient du surpeuplement ou de la concentration des animaux dans un espace restreint. C'est vrai de la pisciculture intensive comme de l'élevage en batterie de volailles ou de veaux... Dans le cas d'un plan d'eau de loisir, le type de pisciculture que vous y réaliserez sera par définition «extensif» et la plupart des maladies infectieuses (virales, bactériennes ou parasitaires), eu égard à la faible densité pisciaire au mètre cube d'eau, n'y trouveront pas de bonnes conditions d'éclosion ou de développement. En fait, quand bien même vous introduiriez dans votre étang, généralement à l'occasion d'un repeuplement, des poissons malades en provenance d'une pisciculture, il y a de fortes chances pour que ceux-ci, une fois libérés dans un grand volume d'eau, meurent sans contaminer les occupants antérieurs. Ce n'est hélas pas toujours le cas et le seul et réel danger d'introduire une maladie dans un petit plan d'eau qui ne communique pas avec d'autres étangs ou une eau courante provient des alevinages ou empoissonnements. Sans être un spécialiste de la pathologie pisciaire, il est assez facile de se rendre compte du bon état sanitaire des poissons que vous réceptionnez. Dans les cuves de transport les sujets doivent avoir une nage normale, on ne doit pas y repérer de nombreux sujets morts ou fatigués.

Le seul «symptôme» acceptable est le rassemblement en surface des poissons qui «pipent» à la recherche d'oxygène. L'observation d'une dizaine de sujets prélevés à l'épuisette ne doit pas mettre en évidence des blessures sur la peau et sur les nageoires (écailles soulevées ou absentes, nageoires rognées ou déchirées, présence de «mousse»...). La présence de parasites (sangsues, poux...) sur la peau sera aisément détectée à ce stade. En soulevant les opercules, on remarquera la couleur rouge vif des branchies chez les sujets sains ainsi que l'absence de taches ou de filaments blanchâtres. Cet examen, qui ne demande que quelques minutes, donne une bonne idée de la qualité du lot et de son état sanitaire et hygiénique. On en profitera également en prélevant à l'épuisette un échantillon tout venant pris au fond des cuves pour vérifier qu'en dehors des espèces commandées, aucun « indésirable » ou « nuisible » (perchette, perche soleil, grémille, poisson-chat, brémette...) n'est présent. Il est facile d'examiner en quelques secondes une cinquantaine de poissons dans une bassine de couleur claire. Un pisciculteur sérieux ne trouvera pas à redire, si vous effectuez ces rapides examens.

Principales affections rencontrées chez les poissons d'étang

La « mousse » ou saprolégniose. C'est une mycose (maladie due à un champignon parasite) externe, qui la plupart du temps vient compliquer une affection primaire ayant attaqué le revêtement cutané. Quelquefois la simple manipulation un peu brutale des poissons (abrasion du mucus, perte de quelques écailles) entraînera après quelques jours l'apparition de mousse sous forme de proliférations cotonneuses sur leurs téguments. Plus souvent ce « syndrome mycosique » signe une atteinte infectieuse antérieure, virale le plus souvent, ou une baisse des défenses immunitaires des sujets.

Cette affection est classique et pour ainsi dire inévitable chez les truites arc-en-ciel au printemps. Chez cette espèce, la maturation sexuelle au printemps s'accompagne de modifications physiologiques

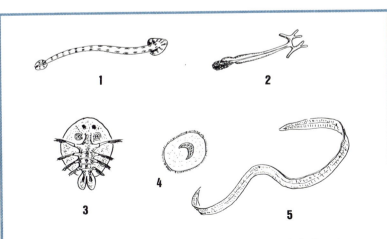

Parasites des poissons : *1. Sangsue (Piscicola geometra) ; 2. Lernée ; 3. Argule ou pou ; 4. Ichtyophtirius ; 5. Ligule.*

importantes avec des états de « stress » et une forte mortalité. Dans les réservoirs à truites, tant que l'eau ne se réchauffe pas, ce syndrome mycosique affecte de nombreux poissons, surtout les plus gros. Comme les sujets atteints recherchent la couche d'eau la plus chaude, ils se regroupent juste sous la surface, où les plaques blanches des filaments mycéliens sont parfaitement visibles et peu engageantes pour les pêcheurs. Le traitement est illusoire en plan d'eau et l'épizootie s'arrêtera d'elle-même, dès que la température du milieu s'élèvera.

La sangsue des poissons. Ce parasite (*Piscicola geometra*), long de 3 à 5 cm, de couleur brun vert est parfaitement visible sur les téguments des poissons. Ici encore les truites de réservoir y sont particulièrement sensibles. En se fixant et en se détachant, la sangsue provoque des irritations de la peau qui se compliqueront de furonculose ou de « mousse ». Le traitement en étang non vidangeable est illusoire.

La lernéose. Il s'agit ici d'un crustacé parasite. Les lernées (qui ressemblent à des vers de 5 à 10 mm de long) se fixent par un système de griffes sous les écailles, qu'elles soulèvent, ouvrant secondairement la voie à d'autres affections.

Les argules ou poux des poissons sont eux aussi des crustacés parasites, mais qui se fixent sur les écailles à l'aide de ventouses. Ces poux sont visibles à l'œil nu sur le corps mais également sur les branchies (5 à 8 mm de diamètre) des poissons. Après la fixation leurs pièces buccales perforent l'écaille entraînant ici encore l'invasion secondaire de bactéries ou de champignons.

L'ichtyophtiriose ou maladie des points blancs, qui atteint pratiquement toutes les espèces, est due à un protozoaire parasite d'un 1/2 mm de diamètre, donc pratiquement invisible à l'œil nu. Les points blancs, eux, bien visibles sur la peau, les nageoires ou les branchies, correspondent à des amas de cellules mortes autour du parasite.

La ligulose est, elle, une affection interne due à un gros ver plat, blanc et rubanné : la ligule qui parasite la cavité abdominale des poissons. Le cycle du parasite passe par deux hôtes intermédiaires : un microcrustacé planctonique et un oiseau palmipède (colvert le plus souvent).

Voilà brièvement décrites les principales affections des poissons qu'un non-spécialiste peut reconnaître de visu. Ces maladies sont dues à des parasites. Pour ce qui est des affections bactériennes ou virales, seul un spécialiste sera en mesure, avec l'aide bien souvent du laboratoire, d'en déterminer l'origine et la diagnose exacte.

En ballastières le traitement des maladies pisciaires est difficile.

Création ou acquisition d'un plan d'eau

Mode d'expédition des poissons vivants
1. Caisse ou carton avec revêtement polystirène; 2. Isolant antichoc-polystirène; 3. Élastique très serré; 4. Sac gonflé à l'oxygène; 5. Eau de 5 à 10° C au départ.

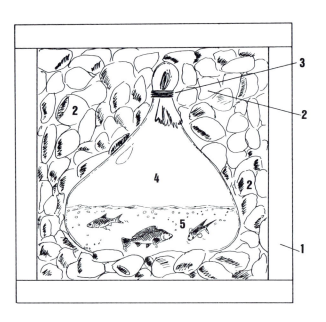

Face à une mortalité constatée ou à des signes de maladies (abcès, plaies, gros ventre, etc.) il convient d'expédier à un laboratoire vétérinaire (voir adresses p. 142) des poissons si possible encore vivants dans les meilleures conditions (voir dessin). Il conviendra de prévenir le laboratoire la veille de l'expédition des poissons par express ou par la Sernam.

Le traitement d'une épizootie déclarée dans un plan d'eau non vidangeable est illusoire. Fort heureusement nous avons vu que la plupart des maladies et tout particulièrement les affections bactériennes et virales ne se déclarent pas ou du moins ne se propagent pas dans les milieux naturels ou semi-naturels que constituent les étangs de loisir. Pour ce qui est des affections parasitaires, seule l'observation des sujets de repeuplement permettra d'éviter leur introduction.

Les engins et leur utilisation par le pêcheur amateur : gérer et maintenir l'équilibre piscicole

Dans les plans d'eau non vidangeables du type ballastière, il y a toujours un risque de voir une ou plusieurs espèces se développer exagérément aux dépens de l'équilibre de l'ensemble de l'écosystème. Quand ce déséquilibre n'affecte que les rapports entre les populations de poissons carnassiers et de poissons fourrage, passe encore, mais quand des nuisibles ou indésirables (poissons-chats, perches soleil, perchettes, brèmes...) se mettent à proliférer, il est nécessaire d'employer les grands moyens pour les éliminer. La pêche à la ligne est incapable à elle seule de gérer rationnellement la production piscicole d'un plan d'eau, sauf ceux de très petite superficie. En fait presque toujours par le choix des espèces nobles recherchées en priorité par les pêcheurs, la pêche aggrave le déséquilibre au profit d'espèces moins intéressantes. Seule la pêche aux engins, nasses et filets, permet de contrôler efficacement le peuplement d'un étang. À tort considérés dans notre pays comme des moyens de braconnage, l'utilisation raisonnée de ces outils doit au contraire permettre une meilleure gestion de la ressource.

Les filets

L'épervier. Savoir jeter un épervier est un plaisir en soi, tout comme réussir un beau lancer à la mouche. Mais si on peut apprendre à fouetter dans un livre, pour l'épervier, hors d'une vieille main qui vous initiera, point de salut. Ce filet est très utile pour faire rapidement une provision de vifs sur un coup amorcé.

Le filet droit ou araignée. C'est une simple nappe plombée d'un côté et soutenue par des flotteurs de l'autre. Elle peut, selon la prépondérance des lièges ou des plombs, être posée en surface ou sur le fond. L'araignée est un filet « maillant » dont on choisira les mailles en fonction des poissons que l'on veut éliminer. Ainsi pour les perchettes, une maille de 10 ou de 15 mm convient parfaitement, alors que pour sortir des grosses brèmes ou des carpes, il faudra monter en mailles de 50, voire de 70. C'est un filet d'emploi facile que l'on pose le soir et relève le matin, mais qui peut également travailler la journée.

Le tramail. C'est encore ici un filet maillant mais constitué de trois nappes. Au milieu, une nappe à mailles fines de type araignée appelée flue et, de part et d'autre, une nappe à très grandes mailles lâches, appelée aulnées. C'est un type de filet très efficace, surtout pour les carnassiers (sandres et brochets) mais dont la pose et surtout le démêlage ne sont pas donnés au premier amateur venu.

La senne. C'est un filet non maillant qui permet d'encercler les poissons et de les amener «à terre». L'usage de cet engin est réservé aux professionnels.

Les nasses

Ce sont des engins très utiles pour détruire des nuisibles comme les poissons-chats ou les perchettes, mais aussi pour attraper des espèces difficiles à prendre à la ligne comme les anguilles. Bien supérieures aux balances, les nasses permettent également de récolter les écrevisses (voir p. 112). Il en existe des dizaines de modèles, de tailles et de formes très diverses selon les régions et les espèces auxquelles elles sont destinées. À partir d'un modèle métallique, il est aujourd'hui facile avec du grillage plastique de réaliser des copies à bon marché, si l'on est quelque peu bricoleur.

Les verveux sont des systèmes de nasse en filet très ingénieux, qui conviennent particulièrement bien pour la capture des anguilles. Si leur pose, pas plus que celle des nasses, n'est pas très compliquée, il est difficile de trouver de bons modèles dans le commerce.

Un filet droit maillant est un des moyens pour détruire les perchettes.

Le lancer de l'épervier nécessite les conseils d'une vieille main.

Les lignes de fond ou cordeaux

Pour certains poissons à activité essentiellement nocturne comme l'anguille ou le silure, et dont la pêche à la ligne n'a rien de très excitant dans les petits plans d'eau, la pose de lignes de fond le soir, que l'on relèvera le lendemain, peut se révéler fructueuse. Il vaut mieux éviter de monter plusieurs bas de lignes et donc hameçons sur un même cordeau, car la première belle pièce accrochée aurait tôt fait en se débattant de rendre inopérant le reste de la ligne. N'importe quel cordonnet fait l'affaire. Les empiles seront montées de préférence sur de la soie tressée ou du Dacron, beaucoup plus souple à résistance égale que du nylon et résistant mieux à l'abrasion des centaines de dents fines de l'anguille. Une simple olive coulissant sur un gros émerillon à agrafe formera la plombée. La plupart des prédateurs et tout particulièrement les anguilles, venant chasser la nuit contre les berges, il n'est nul besoin de placer ses lignes loin des bords. Des piquets de camping permettront de poser rapidement et proprement les cordonnets contre les berges. Comme esche, un gros lombric ou de petits poissons morts (vairons, ablettes ou gardonneaux), à défaut des morceaux découpés en « gueulins » (voir dessin) dans une grosse brème, feront l'affaire.

Création ou acquisition d'un plan d'eau

**Fabrication d'une nasse
et
pose des filets**

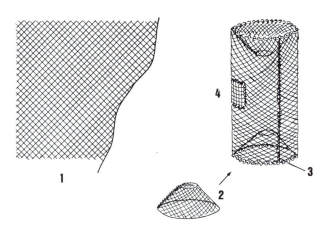

Fabrication d'un modèle de nasse simplifié : 1. Nappe de grillage ; 2. Embouts (× 2) ; 3. Fil de laiton pour former les jointures ; 4. Trappe.

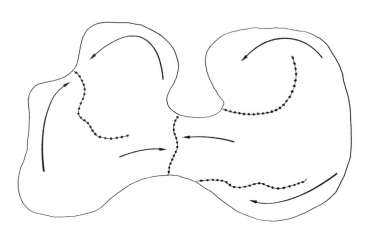

Pose des filets (type araignée au tramail).

Création ou acquisition d'un plan d'eau

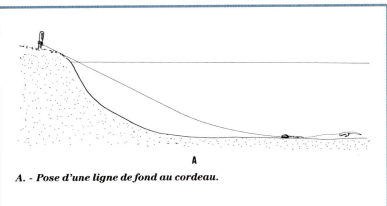

A. - *Pose d'une ligne de fond au cordeau.*

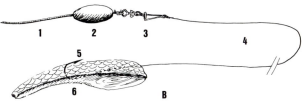

B. - **Montage :** *1. Cordonnet Dacron ; 2. Olive ; 3. Émerillon n° 3 ; 4. Bas de ligne ; 5. Hameçon ; 6. Gueulin taillé dans une brême.*

Les trimmers

Voilà un moyen radical, si vous n'êtes pas pressé, d'éliminer d'un plan d'eau le ou les gros brochets devenus indésirables. Le trimmer est de plus très sélectif et, en fonction de la taille du vif choisi, vous sélectionnerez les prises et ne risquerez pas d'abîmer des brochetons ou des brochets de taille moyenne. Classiquement sur un gros disque de liège faisant office de flotteur sont enroulés une dizaine de mètres de cordonnet bloqué dans la fente d'une baguette. La longueur de ligne est réglée pour que le vif évolue à la profondeur désirée. Le tout est largué sur l'étang et vogue le trimmer, tantôt entraîné par un vif vigoureux, tantôt poussé par le vent, jusqu'à ce qu'un gros brochet se trouve sur son passage. À la touche, le fil se dégage de la fente et la ligne se déroulant, le vorace ne sent aucune résistance et avale tranquillement sa proie. Ensuite il est attelé au disque et il ne reste plus au pêcheur qu'à récupérer trimmer et brochet, soit du bord avec une canne à lancer (amusant mais pas toujours possible) soit au moyen d'une barque.

À défaut des modèles du commerce qui ne conviennent d'ailleurs pas avec de trop gros vifs, il est facile avec les bouteilles d'eau minérale en plastique type Evian, de confectionner des trimmers très efficaces. La bouteille est lestée au tiers d'eau, cela afin de ne pas offrir une trop grande prise au vent. Le cordonnet solidement attaché autour du goulot est ensuite enroulé sur le corps de la bouteille (les modèles fortement rainurés, comme ceux de la marque déjà citée permettent de répartir le fil plus facilement, sans qu'il glisse) et bloqué cette fois sous un élastique de bureau serré contre le goulot. Le principe de fonctionnement est le même que précédemment (voir dessin). La bouteille présente l'avantage de pouvoir soutenir un vif de forte taille : tanche d'une livre, gros rotengle ou, le meilleur de tout, brocheton d'une livre à un kilo. Si vous suspectez un brochet de plus de quinze livres de faire la loi dans votre plan d'eau, n'hésitez pas à lui offrir un congénère de cette taille. Peut-être alors découvrirez-vous la raison pour laquelle les brochetons étaient devenus aussi rares, malgré les alevinages coûteux tous les automnes.

Dans un réservoir à truites un gros brochet est une véritable catastrophe, car une fois qu'il aura goûté à ces salmonidés, qu'il lui est très facile d'attraper (les arc-en-ciel ne présentent pas de méfiance génétique envers le brochet, espèce non naturellement représentée dans leur aire d'origine, et ne s'enfuient pas en sa présence), il ne fera plus aucun cas de la blanchaille. Une truite portion, voir une belle de trois quarts de livre, sous un trimmer, vous évitera de continuer de nourrir à bon compte un encombrant pensionnaire. Un brochet de 10 kg en réservoir consomme entre 60 et 80 kg de truites à l'année... Cela finit par coûter cher.

Trimmers :
A - classique.
B - Bouteille :
1. Bouteille d'eau minérale ;
2. Cul peint en blanc au fluo ;
3. Élastique serré ;
4. Bas de ligne acier ;
5. Hameçon bec de perroquet loché à l'aiguille.

ACQUISITION D'UN PLAN D'EAU

La visite d'achat et l'état des lieux

S'agissant d'un plan d'eau vidangeable, il est important de connaître l'étang en eau et en assec, si possible peu de temps après la vidange. On pourra alors se rendre compte du relief du fond, de la présence ou non d'obstacles immergés, de l'épaisseur de vase, de sa nature (couleur, consistance, odeur, etc.). Dans les régions d'étangs, il convient de se renseigner auprès d'un notaire du prix moyen des plans d'eau. La facilité d'accès, l'état et l'entretien des berges doivent être connus. La digue et la bonde seront tout particulièrement inspectées. Prenez garde aux fissures et aux trous de rats musqués. Le moine, ouvrage hydraulique situé au point le plus profond de l'étang, généralement au milieu de la digue, qui permet de régler le niveau de l'eau et de vidanger tout en empêchant la fuite du poisson, sera essayé. Certains moines vieux de plus d'un siècle, dont les vannages sont soit vermoulus, soit engloutis sous des tonnes de vase, ne permettent plus l'évacuation de l'eau.

Pour les ballastières, il n'est évidemment pas possible de mettre en

La vidange permet de connaître les caractéristiques du plan d'eau.

assec, mais l'utilisation d'un échosondeur (il en existe des modèles spécialement destinés aux pêcheurs amateurs et d'un coût très abordable) permettra de se faire une idée très précise des reliefs subaquatiques et de la nature des fonds (sable, vase, roche, herbiers, graviers). Nous verrons que cet appareil nous donnera également une appréciation de la densité du peuplement piscicole et même, avec un peu de pratique, de la nature de ce peuplement (voir p. 36). L'idéal est évidemment de pouvoir également pêcher dans le plan d'eau que l'on envisage d'acquérir et si possible d'y revenir plusieur fois en des saisons différentes. Il convient aussi de se renseigner auprès des locataires précédents ou de voisins qui y ont trempé du fil. Quelques verres offerts au bistrot du coin permettent bien souvent d'apprendre de précieux renseignements sur la valeur de la pêche.

L'abondance et la nature des herbiers et des plantes aquatiques (voir p. 45) seront observées, si possible à la fin du printemps et en été. De fâcheuses surprises seront ainsi évitées, comme un étang acheté en hiver ou au début du printemps et qui se révèle, quelques mois plus tard, une véritable prairie d'herbes aquatiques ou amphibies.

Une analyse de l'eau devrait toujours être faite, soit directement au bord de l'étang au moyen de ces kits qui utilisent des papiers colorés ou des petits flacons, et qui permettent aux aquariophiles de vérifier à intervalles réguliers les principaux paramètres physico-chimiques (pH, oxygène, dureté calcaire, etc.) de l'eau des aquariums. Pour une analyse plus fine et détaillée, un litre d'eau sera récolté dans une bouteille de verre propre, soigneusement fermée et apportée le plus rapidement possible à un laboratoire spécialisé (la plupart des D.D.A., Direction départementale de l'agriculture, et de nombreux laboratoires municipaux les réalisent). Il conviendra enfin de se renseigner sur le classement administratif du plan d'eau. S'agit-il d'une eau close, qui échappe à la réglementation de la police de la pêche (étang fondé en titre, ballastière) ou d'un étang situé sur un cours d'eau, ou encore d'un « enclos piscicole » considérés comme faisant partie des eaux libres et à ce titre soumis à la réglementation en vigueur tant du point de vue de la pêche que de la gestion piscicole (introduction de poissons et d'écrevisses sous certaines conditions seulement).

Ce point du classement est important à considérer car, même si l'ancien propriétaire n'a jamais eu le moindre problème avec l'administration, il suffit de l'arrivée d'un nouvel ingénieur à la D.D.A. ou d'une directive du préfet prise à la demande d'un président de fédération, pour que vous ne puissiez plus disposer de vos poissons comme vous l'entendez. La nouvelle loi Pêche dont tous les décrets d'application et en particulier ceux s'appliquant aux étangs, à leur vidange, leur réempoissonnement, ne sont pas tous parus, risque de comporter des surprises désagréables pour de nombreux propriétaires de petits plans d'eau.

Création ou acquisition d'un plan d'eau

Connaissance du peuplement piscicole

Voilà bien évidemment un des sujets qui préoccupent le plus le futur acquéreur d'un plan d'eau de loisir. Pour les étangs vidangeables, il est facile de mesurer le peuplement, sa nature et son rendement à l'hectare à l'occasion d'une vidange. Il sera de plus facile, lors de la remise en eau, de le changer ou de l'orienter différemment en vue d'un type de pêche particulier. Les perches ou les sandres, par exemple, pourront être éliminés et remplacés par du brochet. L'acquéreur d'une ballastière ne dispose pas de cette facilité et bien souvent l'ancien propriétaire, même en toute bonne foi, ignore la nature et l'abondance du peuplement pisciaire de son plan d'eau. Une ou plusieurs parties de pêche avec des amis peuvent donner une idée des espèces présentes et éventuellement de leur abondance. Mais les résultats de la pêche à la ligne sont toujours trompeurs et sélectifs, dans un sens comme dans l'autre et rien ne vaudra la pose de quelques filets maillants (voir p. 27) pour connaître avec plus de précision le peuplement présent.

Pour un plan d'eau de quelque importance, nous vous conseillons même de faire appel à un homme de l'art. Il existe dans la plupart des régions de France des pêcheurs professionnels aux engins qui, en de-

Étang paysagé: *1. Arrivée d'eau; 2. Roselière; 3. Saules de bordure; 4. Arbres coupe-vent; 5. Digue; 6. Bonde de vidange; 7. Profond; 8. Arbre noyé; 9. Prairie; 10. Avancée, presqu'île; 11. Îlot et haut fond; 12. Nénuphars; 13. Crique ou clairière.*

Création ou acquisition d'un plan d'eau

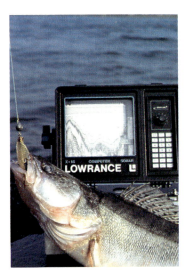

L'échosondeur est un outil précieux, dans les plans d'eau non vidangeables comme les ballastières.

La connaissance des paramètres physico-chimiques est un point très important à considérer.

hors des périodes automno-hivernales de vidange des étangs, disposent de pas mal de temps libre et seront souvent prêts à venir faire un test sur votre plan d'eau. En leur compagnie, vous en apprendrez souvent plus en une journée de pêche, qu'en plusieurs années de pratique avec une ligne et un bouchon.

Aménagements et améliorations

Pour qui fréquente assidûment en famille ou avec des amis un plan d'eau, une cabane de pêche est un investissement judicieux. On pourra s'y abriter par temps de pluie et attendre au sec que passe l'ondée. Rien n'est plus désagréable, surtout pour un pêcheur au coup, que de se faire mouiller sur son coup ou d'attendre inconfortablement dans la voiture. Ce peut être un simple abri fermé sur trois côtés seulement, avec une bâche en guise de toit, ou un cabanon que vos enfants seront ravis de vous aider à construire. On peut également, pour plus de confort, investir dans un modèle de chalet préfabriqué. Même en l'absence de chauffage, il sera toujours agréable d'y casser la croûte assis et à l'abri de la pluie et du vent. Un simple lit de camp ou un matelas isolé du sol par une feuille plastique et un bon sac de couchage permettront de se réveiller au lever du jour les pieds dans l'eau ou presque, tout en ayant fait

La cabane de pêche.

le coup du soir la veille. Votre journée de pêche prendra alors une autre valeur que quand vous arrivez après ne serait-ce qu'une heure de voiture et qu'il vous faut déballer et monter tout le matériel.

Une cabane de pêche permet également de ranger du matériel, des bottes et vêtements de pêche et de les laisser sur place, ce que madame appréciera. Un vieux frigo constitue un excellent abri pour stocker un peu de nourriture à l'abri des rats et des souris.

Enfin, si vous et vos invités prenez la pêche au sérieux, un baromètre, un thermomètre et un cahier de pêche sur lequel vous noterez régulièrement vos observations et vos résultats de la journée, trouveront utilement leur place, toujours la même, dans cette cabane. Comme indications vous noterez la date, les heures, la phase de la lune, les conditions météo (température de l'air, de l'eau, direction du vent...), les espèces de poissons capturés, leur taille, leur poids, les leurres ou appâts utilisés, plus, éventuellement, des remarques personnelles. Tous ces renseignements s'aligneront dans des colonnes prévues à cet effet dans le cahier (autrement on en oublie) et le crayon qui va avec y sera solidement attaché.

La barque: même sur un petit plan d'eau, une embarcation décuple les possibilités de pêche. Si vous pouvez la laisser sur place, choisissez un modèle traditionnel. Dans chaque région, il existe des artisans dont les modèles en bois ont fait leur preuve. Construites soit en châtaignier, qui ne pourrit pas, soit en sapin du Nord, ces barques ont l'inconvénient d'être lourdes et de nécessiter un peu d'entretien. Elles présentent néanmoins de nombreux avantages sur la plupart des modèles en plastique. Elles sont très stables et permettent d'y pêcher debout. Basses sur l'eau, elles offrent peu de prise au vent mais un maximum d'espace aux pêcheurs. Les critères de choix pour une barque

Barque en bois traditionnelle.

d'étang sont très différents de ceux d'un modèle marin ou même de rivière. La navigation est ici très accessoire. L'utilisation principale du bateau est à l'arrêt, et celui-ci doit avant tout être stable, vaste et confortable. Les modèles en plastique, plus légers, sont plus facilement transportables, mais bien peu de ces embarcations passe-partout ont été conçues pour la pêche. Pour le cas où on ne pourrait laisser la barque sur place, les modèles pliants type « barque Drachko » sont, eux, absolument parfaits. Montée et démontée en trois minutes, construite en aluminium et en caoutchouc selon les procédés de fabrication aéronautique, elle ne pèse que 33 kg avec son plancher rigide amovible, ce qui permet de pêcher debout. Une fois pliée, son encombrement est comparable à celui d'une planche à voile.

Sur un petit plan d'eau nous vous déconseillons les moteurs à essence, deux ou quatre temps, qui sont bruyants et laissent toujours échapper un peu d'huile ou de carburant. Une bonne paire d'avirons est normalement suffisante pour tout plan d'eau inférieur à 10 hectares. À la rigueur un moteur électrique, si vous pêchez seul, vous permettra de traîner au ralenti.

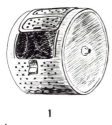 

Viviers :
1. *Tambour de machine à laver ;*   2. *Artisanal en bois et grillage plastique.*

Qui dit bateau dit embarcadère ou ponton pour y accoster. On pourra le réaliser soit flottant, soit sur pilotis. Les pieux en châtaignier, utilisés pour les enclos d'élevage, conviennent parfaitement pour construire un petit appontement qui s'intégrera dans le paysage. On n'oubliera pas d'en recouvrir la surface de dispositifs antidérapants, car, après quelque temps, les algues et autres lichens, qui ne manqueront pas de se développer sur le bois mouillé, en rendraient l'utilisation dangereuse.

Un ponton permettra d'y fixer un vivier, ce qui pour les pêcheurs de carnassiers évitera d'avoir à faire des vifs à chaque fois. En hiver, les habitués comprendront ce que nous voulons dire. Plutôt que de laisser une bourriche anglaise attachée à demeure (les rats auraient vite fait de la transformer en passoire), il est facile avec les grillages plastiques utilisés couramment pour le jardinage aujourd'hui, de bricoler à peu de frais un vivier-réserve de vifs dans lequel vous pourrez également stocker des écrevisses.

Étang en eau (connaissance du milieu)

NOTIONS D'ÉCOLOGIE AQUATIQUE

Les facteurs physico-chimiques de l'eau

Les facteurs physico-chimiques du milieu commandent le fonctionnement de l'écosystème aquatique. Extrêmement complexes dans leurs inter-relations avec les différentes communautés végétales et animales qui constituent l'écosystème, ces facteurs produisent en définitive les conditions d'existence du poisson. Le pêcheur et surtout le gestionnaire d'un étang ne peuvent ignorer le rôle de l'oxygène, du pH, de la température, des sels minéraux ou de la lumière dans la création et le maintien d'un bon équilibre piscicole.

L'oxygène

Alors que l'air respiré par les animaux terrestres contient environ 20% d'oxygène, l'eau que «respirent» les animaux aquatiques et tout particulièrement les poissons n'en contient, dans le meilleur des cas (eau des torrents), que 1,5% de son volume. Dans les étangs, le taux d'oxygène dissous est souvent inférieur à 5 ou 6 mg par litre et seules certaines espèces pisciaires comme les cyprins, mais aussi le brochet ou l'anguille, pourront s'accomoder dans ces milieux. Plus un étang sera envasé, chargé en matières organiques et plus son eau sera chaude, moins les poissons auront d'oxygène à leur disposition. En dehors des phénomènes de brassage, d'agitation et d'échanges au contact de l'air atmosphérique, le renouvellement de l'oxygène des plans d'eau est surtout le fait de la «respiration» des plantes aquatiques. En présence de lumière, les végétaux chlorophylliens absorbent durant la journée le gaz carbonique dissous dans l'eau et rejettent de l'oxygène. C'est le phénomène de la photosynthèse.

Un cadre agréable et reposant.

Étang en eau (connaissance du milieu)

La température

L'eau des étangs est sous nos climats généralement très froide en hiver, voisine de 0°C, et au contraire très chaude en été, pouvant couramment atteindre 27 ou 28°C. Une autre caractéristique des poissons qui y vivent est de supporter ces grands écarts de température, à condition, évidemment, qu'ils s'effectuent progressivement. Ce n'est qu'au moment de la reproduction, que les différentes espèces auront des exigences thermiques assez strictes. En fait, la température n'intervient comme facteur limitant que par le biais de l'oxygénation. Plus une eau sera chaude, moins son pouvoir de dissoudre et de retenir l'oxygène sera élevé, or c'est en été que la vie aquatique est la plus intense, donc la demande en oxygène la plus grande.

Le pH

Généralement compris dans les étangs entre 6 et 7,5, il mesure l'acidité ou l'alcalinité de l'eau. Il dépend de la nature des sols. Dans les régions calcaires, il sera plutôt alcalin, pouvant s'élever jusqu'à 8 ou 8,5. Sur les sols pauvres (dans de nombreuses régions d'étangs), granitiques, tourbeux ou siliceux, il sera plutôt acide, de valeur comprise entre 5,5 et 7. Les poissons s'accomodent de pH allant de 5 à 9 mais ne supportent pas des variations brutales de ce paramètre. Dans les étangs, en été, durant la nuit, les végétaux aquatiques, s'ils sont trop nombreux, peuvent faire dangereusement baisser le pH en rejetant de grandes quantités de gaz carbonique.

Les sels minéraux et les matières organiques

Ils constituent les nutriments à la base de la chaîne alimentaire de l'écosystème aquatique. Les carbonates, phosphates, nitrates, sulfates, chlorures, etc., sont utilisés par les consommateurs primaires que sont le phytoplancton et les végétaux pour produire de la matière vivante qui sera à son tour consommée par le zooplancton, les invertébrés (insectes, vers, crustacés, mollusques...) et les poissons. Le calcium est de loin le sel minéral le plus important pour la vie aquatique, et dans de nombreux étangs, situés sur des sols «pauvres», il devra être apporté sous forme d'amendement calcique pour permettre une meilleure productivité piscicole (voir p. 87). Les substances azotées et les matières organiques provenant de la décomposition des végétaux ou des excréments des animaux sont favorables dans une certaine mesure à la productivité de l'étang. Hélas! dans de nombreuses régions de culture, leur présence excessive par apport des eaux de ruissellement peut tout aussi bien nuire à la vie aquatique. Nitrates et phosphates sont alors responsables des phénomènes d'eutrophisation (voir p. 88).

Étang en eau (connaissance du milieu)

Cycle chaîne alimentaire

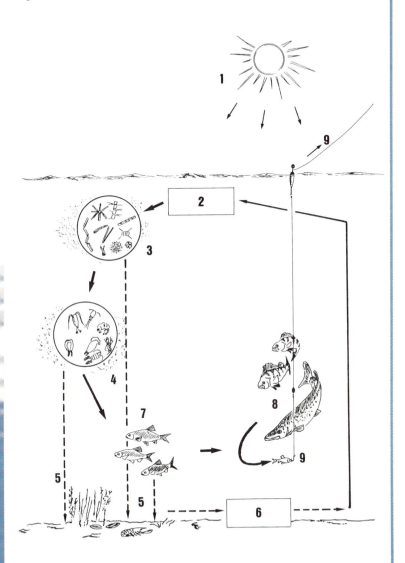

1. Soleil; 2. Sels minéraux dissous (nitrates — phosphates — CO^2, etc.);
3. Phytoplancton; 4. Zooplancton; 5. Mortalités et déjections; 6. Vers
larves; Matières organiques, etc.; 7. Poissons blancs; 8. Carnassiens;
9. Pêcheurs.

Étang en eau (connaissance du milieu)

L'eau des rivières est à la différence de celle des étangs, courante, claire et très oxygénée.

La lumière

Les rayons du soleil sont la première source énergétique de l'étang. Plus les eaux seront chargées en sédiments et en matières organiques, moins la photosynthèse sera efficace et plus la productivité du plan d'eau sera réduite. De plus, la vase remise en suspension par les poissons fouisseurs, comme la carpe ou la tanche, colmate les frayères et asphyxie les œufs en incubation. La lumière joue également un rôle très important dans le comportement des poissons, notamment au moment de la reproduction.

La flore : végétaux aquatiques et flore rivulaire

En dehors de leur rôle primordial dans l'oxygénation des plans d'eaux, les végétaux aquatiques sont à la base de la pyramide des chaînes alimentaires qui aboutissent finalement aux poissons et aux prédateurs. Ils servent de garde-manger, de refuge et de vivier à toute une foule d'animalcules, invertébrés et alevins de poissons. De nombreuses espèces les utilisent comme support de fraie, mais également comme postes d'affût. Ils sont enfin directement consommés par certains poissons.

Sur les bordures, la flore rivulaire abrite tout un petit monde de batraciens, reptiles, mammifères et oiseaux qui ont eux aussi un rôle à jouer dans le maintien de l'équilibre de l'écosystème pris dans son ensemble.

Étang en eau (connaissance du milieu)

Différents biotopes végétaux caractéristiques des étangs de nos contrées.

Les plantes aquatiques et amphibies

Les rives en pente douce d'un étang offrent à l'observateur une très grande richesse et diversité dans la composition des biotopes. Les botanistes distinguent, en partant de la terre ferme vers le centre du plan d'eau, différentes zones qui s'interpénètrent. C'est tout d'abord la zone de prairie humide, peu caractéristique, puis la zone des joncs et des carex ou laiches, «mauvaises herbes» qui forment la ceinture extérieure de l'étang. Lui fait suite la zone des iris et des roseaux qui poussent les pieds dans l'eau. Les scirpes, encore appelés joncs des tonneliers, sont les dernières plantes «dressées» qui poussent dans l'eau. Au fur et à mesure que l'on s'enfonce dans l'étang, les végétaux strictement aquatiques et non plus amphibies apparaissent. Puis vient la zone à nénuphars, à potamots et à myriophylles dont les feuilles ou les parties reproductrices s'élèvent au-dessus de la surface. Enfin, entièrement submergée, la zone à élodées, ou à charas, uniquement limitée par la pénétration de la lumière solaire jusqu'au fond. Vers le milieu de l'étang, nous trouvons la zone «pélagique» caractérisée par la présence du phytoplancton et des plantes flottant librement comme les lentilles d'eau.

Dans un étang, la présence des plantes contribue grandement à augmenter la surface d'accueil du milieu pour la microfaune benthique comme pour les poissons. Ainsi un herbier de myriophylle «ancré» sur un mètre carré du fond représente plus de cinquante mètres carrés de surface-support foliaire. Dans les petits plans d'eau, la zone des joncs

Étang en eau (connaissance du milieu)

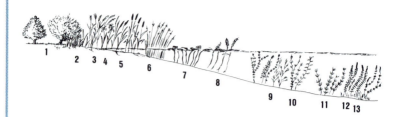

Zonation (pente douce); *1. Saules et Aulnes; 2. Carex; 3. Roseaux au phragmite; 4. Iris jaune; 5. Typha; 6. Joncs-scirpes; 7. Nénuphars; 8. Renouées; 9. Myriophylles; 10. Potamots; 11. Charas; 12. Élodées; 13. Cornifles.*

et des roseaux est souvent très envahissante et contribue grandement à l'envasement et au comblement du milieu. Si cette zone est très favorable à la nidification des oiseaux d'eau, elle est moins bénéfique pour les poissons, sauf au moment de la fraye et dans tous les cas ne devrait jamais dépasser un quart de la superficie totale. Les feuillages empêchent la photosynthèse et l'enchevêtrement des tiges et des rhizomes gêne la circulation des poissons. De même, surtout dans un étang à vocation de pêche, la prolifération des plantes immergées, nénuphars, potamots, myriophylles, cératophylles ou élodées, devra être contrôlée. L'introduction de poissons herbivores comme les amours blancs (voir p. 65) sera toujours préférable au faucardage manuel ou mécanique, fatigant et peu efficace (ces plantes repoussant généralement de plus belle) et préférable aussi au désherbage chimique, onéreux et toxique pour la microfaune et les alevins.

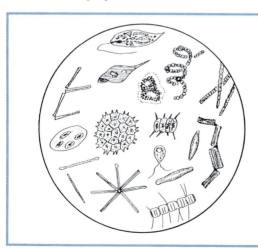

Phytoplancton grossi au microscope.

Un mot enfin sur l'eutrophisation, cette peste moderne des étangs, surtout quand ils sont situés dans des zones de cultures ou d'élevage. Les eaux de ruissellement, quand ce n'est pas la nappe phréatique pour les ballastières, apportent inévitablement dans les plans d'eau de grandes quantités de nitrates et de phosphates, d'origine agricole ou ménagère. Vers la fin du printemps, dès que la température et l'ensoleillement le permettent, cette hyper-fertilisation du plan d'eau a pour résultat le développement accéléré des algues unicellulaires et filamenteuses, constitutives du phytoplancton. Se divisant et se multipliant à l'infini sous l'effet de la photosynthèse, ces «blooms» d'algues ont tôt fait d'épuiser l'oxygène du milieu pour leur seul profit et d'empêcher toute autre forme de vie. Dans les zones de cultures, la prévention de ces apports de fertilisants est impossible à réaliser et seule l'introduction dans le plan d'eau des amours argentés (voir p. 66) poissons phytoplanctonophages originaires de Chine, arrive à maintenir ces phénomènes dans des limites acceptables et compatibles avec la vie des autres poissons.

La flore rivulaire

La végétation des rives d'un plan d'eau doit tout à la fois stabiliser les berges (surtout pour les ballastières récemment mises en eau), procurer des abris pour toute une faune de petits mammifères et d'oiseaux, et enfin agrémenter le site. Le réflexe de nombreux nouveaux propriétaires d'étang est de vouloir «paysager» les berges, en plantant force arbres et arbustes. Quelques règles sont ici importantes à respecter. Éviter les rangées d'arbres et tout particulièrement de peupliers dont les feuilles tous les automnes ajouteront aux matières organiques en décomposition au fond de l'eau. Les chutes de feuilles en général accélèrent le processus d'envasement des étangs. Dans les grands plans d'eau, ce phénomène est relativement dilué, mais sur les petites pièces d'eau inférieures à un hectare et ceinturées, comme c'est souvent le cas, d'un rideau de peupliers, cet apport de tonnes de matières organiques déséquilibre gravement l'écosystème aquatique. Les plantations de résineux ne sont pas un meilleur choix, elles appauvrissent en les acidifiant les sols et pour certains résineux (thuyas), leurs racines sont même toxiques pour la faune aquatique. Il n'est bien sûr pas interdit de planter quelques sapins, mais des saules, des bouleaux, des aulnes ou des cornouillers seront toujours préférables. Comme arbustes choisissez des églantiers ou des viornes. Ne plantez jamais arbres ou arbustes sur les levées de terre ou sur les digues, leurs racines y provoqueraient des fissures préjudiciables à l'étanchéité du plan d'eau. Sur les ballastières, les saules et les aulnes plantés les pieds dans l'eau sont, au contraire, un bon moyen de stabiliser les berges. Leurs racines et même leurs branchages bas (pour les saules) serviront également d'abris pour de nombreux poissons ainsi que de supports de

Étang en eau (connaissance du milieu)

Les branchages immergés constituent de bons supports de frai.

frai en l'absence d'herbiers sur des berges trop abruptes. Enfin pour stabiliser les rives et lutter contre l'érosion due à l'action des vagues mais surtout au passage des animaux et des pêcheurs, un bon engazonnement reste le procédé le moins onéreux et le plus efficace en même temps que le plus agréable. L'Institut pour le développement forestier conseille pour les terrains humides en bordure d'étang le mélange de semences suivant: ray grass anglais 50%, fétuque rouge 15%, fétuque ovine 10%, fléole 10%, fétuque élevée 5%, lotier 5%, trèfle blanc 5%. Ensemencez à raison de 250 kg de graines à l'hectare.

Étang en eau (connaissance du milieu)

La microfaune aquatique (invertébrés)

Il faut avoir raclé les fonds de vase ou de graviers avec une épuisette à mailles très fines, fouillé les herbiers et les sous-berges, pour avoir une idée de la variété et de la multitude des « bestioles » qui vivent dans un étang. Et encore, les plus nombreuses et les plus importantes pour le cycle trophique, celles qui constituent le zooplancton, échapperont-elles à nos investigations. Elles vivent libres de tout support, en suspension dans l'eau, bien souvent au milieu du plan d'eau. De plus, leur taille moyenne, voisine du millimètre les fait passer à travers les filets les plus fins. Pour les récolter, il nous faudra utiliser des tamis réalisés avec un vieux bas en nylon.

Tous ces animaux, de la minuscule daphnie, en passant par les vers, les larves d'insectes, les escargots d'eau ou les crustacés, établissent entre eux et, bien sûr, avec les poissons, des relations multiples, dont la principale est d'ordre alimentaire. Tous ces organismes, aussi petits soient-ils, jouent un rôle vis-à-vis de la production piscicole, rôle qu'il convient de connaître pour éventuellement l'orienter en faveur d'une meilleure productivité.

Le zooplancton

Dans les eaux douces, les animalcules qui constituent le zooplancton appartiennent essentiellement à deux grands groupes: les microcrustacés (les cladocères ou daphnies, les copépodes ou cyclopes) qui font entre 1,5 et 3 mm de longueur et les rotifères, organismes ciliés inférieurs à 1 mm de longueur.

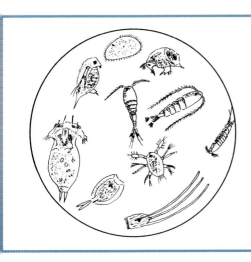

Zooplancton grossi au microscope.

Étang en eau (connaissance du milieu)

Cette distinction entre cladocères-copépodes d'une part et rotifères de l'autre, plus simplement entre gros et petits animalcules du zooplancton, est très importante en pisciculture. Les rotifères constituent la nourriture privilégiée de la plupart des alevins de poissons, pendant les tout premiers jours de leur vie. Les daphnies sont alors de trop grosses proies pour eux et les cyclops «carnassiers» peuvent même les attaquer. Au milieu du printemps, lors de l'éclosion des œufs de la plupart des espèces, on favorisera (voir p. 49) le développement des rotifères, alors que plus tard dans la saison, soit dès que les alevins auront quelques semaines, c'est plutôt les daphnies qui seront intéressantes.

Au sein du zooplancton, les daphnies et les rotifères se font une concurrence alimentaire sans merci. Ils sont tous deux plus particulièrement herbivores (des algues unicellulaires du phytoplancton) et se nourrissent en filtrant l'eau en permanence et en enlevant au passage les bactéries. Ils jouent, pour ces deux raisons, un rôle important dans la lutte contre la pollution et en faveur de la clarté de l'eau. Les cyclops sont, eux, carnivores et s'attaquent surtout aux constituants du zooplancton plus petits qu'eux.

Peu abondant en hiver, le zooplancton se développe très vite au printemps et, dans un plan d'eau en équilibre trophique, cette production peut se poursuivre pendant tout l'été et le début de l'automne. Tout l'art de la pisciculture en étang consiste, par le biais des fertilisations (voir p. 46), à accroître la production du phytoplancton pour augmenter la biomasse du zooplancton. Ce dernier représente la source de protéines la mieux adaptée et la moins chère pour nourrir les poissons.

Les vers (annélides)

Contrairement à ce que pourraient penser la plupart des pêcheurs, seules quelques familles de vers jouent un rôle important dans l'alimentation des poissons. Les oligochètes, dont les plus connus et les plus abondants sur les fonds sablonneux-vaseux sont les tubifex,

Vers: 1. *Tubifex*; 2. *Vers de vase (chironome).*

constituent une nourriture de choix pour tous les poissons fouisseurs. Les tubifex qui mesurent de 25 à 75 mm de long, pour 1 mm de diamètre, sont, comme la plupart des vers, détritivores. Remarquons ici que les «vers de vase» des pêcheurs ne sont pas des vers mais des larves d'insectes. Les sangsues abondantes dans certains plans d'eau sont une très bonne source de protéines pour les truites qui en raffolent. La perche et le black-bass sont les deux seules autres espèces qui semblent apprécier cette proie.

Les mollusques

Les plus importants pour l'alimentation des poissons sont les escargots d'eau: limnées et planorbes qui dans les étangs riches en herbiers peuvent littéralement pulluler. Ils sont herbivores et détritivores, broutant soit directement les végétaux supérieurs aquatiques, de la même façon qu'une limace dévore une laitue, soit raclant à leur surface les dépôts organiques ou les algues. L'autre famille importante des mollusques d'eau douce est représentée par les moules d'eau douce: unios et anodontes qui, du fait de leur grande taille et de leur capacité filtrante jouent un rôle important dans l'épuration du milieu. Elles ne sont pas consommées par les poissons, mais les rats musqués en raffolent.

Mollusques : 1. Limnée ; 2. Planorbe ; 3. Anodonte.

Les larves d'insectes

Du point de vue de l'importance alimentaire pour les poissons, elles viennent immédiatement après le plancton. La plupart des insectes aériens que l'on voit au bord des plans d'eau, et qui ne vivent souvent que quelques jours en été, ont passé de longs mois, quand ce n'est pas plusieurs années, à l'état larvaire dans la vase du fond des étangs. Il en est ainsi des libellules, des demoiselles, des éphémères, des phryganes, de la mouche du saule, des moustiques, des chironomes et de bien d'autres encore. D'autres insectes vivent à l'état adulte sous

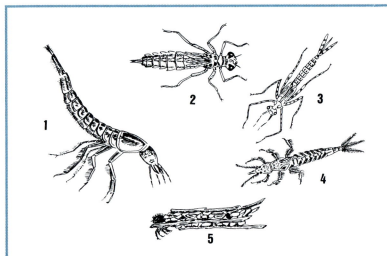

Larves d'insectes : 1. Dytique marginé ; 2. Aeschnes ; 3. Larve de libellule ; 4. Larve de mouche de mai ; 5. Porte bois (phrygane).

l'eau, ce sont des coléoptères (dytique, gyrin) ou des hémiptères (punaises d'eau : ranâtre, nèpe, notonecte). Par leur abondance, les larves des chironomes ou vers de vase (dont les adultes sont ces « moustiques » aux antennes plumeuses et qui ne piquent pas) et les larves d'éphémères sont de loin les plus importantes pour l'alimentation des poissons.

Les crustacés

Nous n'envisagerons ici que les macrocrustacés puisque les microcrustacés ont été abordés dans le cadre du zooplancton. Dans certains plans d'eau, ils constituent une part de nourriture importante pour la faune pisciaire. Il conviendra de les privilégier tout particulièrement dans le cas d'un réservoir à salmonidés (voir p. 118). Les gammares, encore appelés crevettes d'eau douce, sont les plus connus. Ce sont les pigments caroténoïdes contenus dans la carapace de ces bestioles qui confèrent aux truites qui les mangent la couleur rouge orangée, dite saumonée, de leur chair. Les écrevisses enfin, soit au stade

Étang en eau (connaissance du milieu)

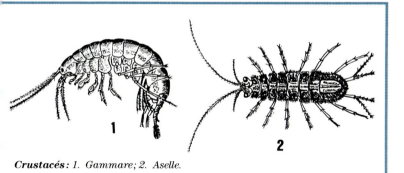

Crustacés: 1. Gammare; 2. Aselle.

juvénile, soit au stade adulte, entrent dans le menu de nombreux poissons. Une écrevisse adulte, avec ses pinces en parfait état et une carapace aussi dure que possible, ne fait pas peur à une perche d'une demi-livre. Les perchettes, quant à elles, se régalent des juvéniles et vont jusqu'à «picorer» les œufs puis les larves qui restent pendant de longues semaines accrochées sous l'abdomen des femelles «grainées». Brochet, sandre et black ne sont pas en reste, et quand ils se nourrissent presque exclusivement d'écrevisses (en été, dans certains étangs où elles ont bien réussi) leur chair est la plus exquise qui soit.

L'écrevisse de Louisiane (à droite sur la photo) est, dans l'état actuel de la législation, interdite d'introduction en France. C'est regrettable car cette espèce présente de nombreux avantages.

Étang en eau (connaissance du milieu)

Les poissons

Sur environ 75 espèces (introductions comprises) de poissons qui peuplent les eaux de l'hexagone, seulement 20 environ sont importantes à connaître pour le propriétaire d'étangs. Selon les régions, l'altitude, le climat, la nature des sols, la forme et les fonds du plan d'eau, certaines trouveront des conditions plus propices que d'autres à leur reproduction ou à leur croissance. Le pêcheur-aménageur devra tenir compte de ces réalités, et ce n'est qu'en connaissant les particularités biologiques de ces espèces qu'il pourra, sans jouer à l'apprenti sorcier, les associer ou essayer de privilégier les unes plutôt que les autres.

ESPÈCES NUISIBLES

Le poisson-chat

Introduit par « erreur » en France, vers la fin du siècle dernier, cette espèce semble trouver dans les plans d'eau du centre et du nord de notre pays des conditions favorables à sa prolifération. En 1988, la vidange de l'étang des Goules, dans le Cher, plan d'eau de 115 ha, a donné comme résultat plus de 40 t de « moustachus » pour 4 t de brèmes, moins de 100 kg de brochets et seulement 6 kg de gardons... Même dans les plans d'eau vidangeables, il est très difficile de s'en débarrasser, car lors des assecs, les poissons-chats s'envasent profondément et sont ainsi capables de résister plusieurs semaines en attendant la remise en eau. Un bon moyen consiste, quand cela est possible, de remettre provisoirement un peu en eau et de traiter à la chaux vive ou à la roténone.

Omnivores, extrêmement voraces, ils se nourrissent de toutes proies animales, notamment des œufs et des alevins des autres poissons. Ils sont le fléau des étangs et seul l'abondance des black-bass, quand cette espèce trouve des conditions favorables, semble être en mesure de réduire leurs populations. Les « nuages » ou « boules » que forment les alevins de poissons-chats vers la fin du printemps et le début de l'été sont particulièrement recherchés et décimés par ce prédateur. Le silure, nouveau venu dans nos eaux, serait lui aussi un prédateur efficace des « chats ». Malheureusement cette espèce qui atteint une très grande taille ne peut être conseillée dans les trop petits plans d'eau. Parmi les autres moyens de destruction : la capture assez facile dans des nasses appâtées pour les adultes ; quant aux boules d'alevins, masses noires facilement repérables sur les bordures en eau peu profonde, elles peuvent être éliminées avec une épuisette à long manche et mailles fines.

L'idéal serait bien évidemment d'éviter leur introduction, mais dans certaines régions, riches en plans d'eau infestés comme la Sologne, les communications inter-étangs par les ruisseaux de vidange sont inévitables.

La perche soleil

Également importée des États-Unis vers la fin du siècle dernier, la perche soleil, encore appelée *calico bass*, semble, après une forte période d'extension jusqu'au milieu des années cinquante, en nette régression un peu partout dans nos eaux. Les brochets arrivent habituellement à maintenir leurs populations à un seuil compatible avec le développement des autres espèces. Le black-bass, leur prédateur naturel dans leurs eaux d'origine, est également un bon «régulateur» de leurs effectifs dans les eaux françaises.

La perche

Alors que ce poisson est considéré un peu partout dans nos eaux comme une espèce noble et son introduction encore conseillée par certains pisciculteurs d'étangs, on ne dira jamais assez le tort que les perchettes, par leur pullulation, peuvent causer à l'équilibre piscicole de nos plans d'eau. La perche est en fait un poisson de lacs ou de grandes rivières à courant lent. Dans ces biotopes riches tout à la fois en espace, nourriture et en prédateurs, l'espèce peut pleinement s'exprimer et occuper une niche écologique bénéfique à l'ensemble de l'écosystème. Dans les petits plans d'eau, étangs ou ballastières, même de plusieurs hectares, la fantastique prolificité de ce poisson n'aboutit qu'au développement d'innombrables populations «naines» qui dé-

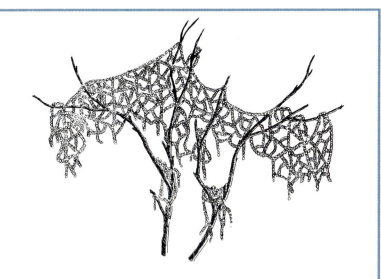

Frai de perche collé aux branchages immergés.

Étang en eau (connaissance du milieu)

La perche ou perdrix d'eau douce.   *L'immonde poisson-chat.*

tournent l'essentiel de la chaîne trophique à leur seul profit, mais sans aucun résultat, ni pour le pêcheur, ni pour le pisciculteur. À moins d'être «régulées» par une très forte densité de brochets, même dans les plans d'eau moyens, les perches exercent une telle compétition alimentaire et spatiale au sein de leur propre groupe, que les individus qui le constituent n'arrivent pas à se développer pleinement. On assiste donc à un nanisme de circonstance, dû au milieu, occasionnel et non racial.

Il n'en demeure pas moins que les perchettes naines, insatiables et infatigables dans leur recherche de nourriture, ont tôt fait, de par leur multitude, de réduire à néant les stocks de zooplancton, de larves d'insectes, de crustacés et d'alevins des autres espèces. Seule une forte population de brochets ou de sandres parviendra à éclaircir suffisamment leurs rangs, pour permettre à quelques individus de se développer pleinement, tout en limitant le surnombre. La pêche aux engins (voir p. 27) est un autre moyen d'y parvenir.

Enfin, au printemps, fin mars ou début avril selon les régions, les frais de perche, sont facilement reconnaissables, sur les bordures des plans d'eau. Ce sont de longs chapelets ou rubans gluants et gélatineux déposés sur les herbiers ou sur les branches mortes. Il suffit de les sortir avec un râteau et de les laisser sécher sur la berge. On peut également déposer le long des bords des faisceaux de genêts, puis les sortir quand les perches y auront frayé, pour limiter leur pullulation. Dans de nombreuses régions, il est pratiquement impossible d'empêcher les introductions de perches dans une pièce d'eau. Les alevins, voire les per-

Étang en eau (connaissance du milieu)

chettes, passent d'un étang à l'autre au moment des crues ou des vidanges, par le moindre ruisselet, mais surtout le rôle de vecteur joué par les oiseaux aquatiques (canards, hérons) est bien démontré pour cette espèce. Au printemps, ils se collent sur les pattes ou sur le plumage des chapelets d'œufs adhésifs en barbotant dans les herbiers d'un plan d'eau pour aller, d'un coup d'aile, les porter ensuite dans un étang voisin où ceux-ci poursuivront leur développement.

La brème

Dans les petits, moyens ou grands plans d'eau, la brème est un poisson nuisible, qu'il faut éviter d'introduire ou essayer d'éliminer quand il est présent. Intéressant ni pour le pêcheur ni pour la cuisine, les brèmes atteignent rapidement une grande taille et ne trouvent pas dans nos eaux de prédateurs à leur mesure. Seul le silure (voir p. 70) est capable de limiter leurs populations. Vivant en bancs de plusieurs centaines d'individus, elles passent le plus clair de leur temps, si l'on peut dire, à fouiller la vase pour en extraire les vers, mollusques, crustacés, larves d'insectes, graines et débris végétaux.

Elles nuisent à la clarté de l'eau et en raison du nombre important d'individus de grande taille qui, en quelques années, constituent l'essentiel de la biomasse pisciaire de l'étang, elles parviennent à consommer la presque totalité des ressources en nourriture de celui-ci. La frai a lieu en mai-juin (c'est le premier des cyprinidés à frayer sous nos climats) sur les bordures et cela permet de capturer à la senne un grand nombre de sujets (voir p. 27).

La Brème, un des poissons les plus nuisibles dans un étang.

Étang en eau (connaissance du milieu)

ESPÈCES INDÉSIRABLES

La carpe

Alors que depuis le Moyen Âge, il n'est pas un plan d'eau petit ou grand dans notre pays qui n'ait eu, à un moment ou à un autre, son lot de carpes ou de carpeaux, nous considérons cette espèce comme indésirable pour plusieurs raisons. Si la pêche sportive de la carpe connaît, depuis ces dernières années, un grand regain d'actualité, elle ne peut avoir quelque intérêt que dans les grands ou les très grands plans d'eau et, en tout cas, pas dans le cadre de l'étang de loisir tel que nous l'avons défini. Sur un coup à gardons, les carpeaux n'arrivent que pour troubler la fête, et la pêche sérieuse de la carpe nécessite pour être intéressante quelques centaines de mètres d'eau libre où notre poisson pourra donner libre cours à ses aptitudes de nageur de combat.

Dans un petit plan d'eau, aux possibilités limitées en nourriture, les jeunes carpes (l'espèce est très prolifique) consomment énormément de zooplancton et les adultes, en troublant l'eau en permanence, empêche le renouvellement de cette ressource fondamentale pour l'équilibre trophique de l'étang. En réduisant, voire en inhibant la photosynthèse, les carpes bloquent le développement du phytoplancton et par là même celui du zooplancton, principal consommateur des algues unicellulaires. En été, les eaux glauques et vaseuses, peu engageantes d'aspect, de nombreux étangs peu profonds sont le résultat de l'activité des poissons fouisseurs et fouilleurs comme la carpe, mais aussi la brème et la tanche. De par leur taille et leur habitude de rechercher la nourriture en troupe, les carpes sont, de loin, les plus efficaces pour remettre en suspension la vase du fond des plans d'eau.

L'espèce en vieillissant est, par ailleurs, plus piscivore qu'on ne l'a dit et consomme énormément d'alevins des autres espèces. Poisson rusé et méfiant, la carpe est difficile à éliminer des plans d'eau non vidangeables. Heureusement de nombreuses ballastières du nord de la Loire alimentées par une nappe phréatique fraîche et dont les eaux de surface n'atteignent pas 19 ou 20°C en juin, début juillet, ne conviennent pas à leur reproduction.

Le carassin

Cette espèce de petite taille se distingue du carpeau ou du carpillon par son absence de barbillons. On reconnaît deux variétés: ordinaires (de couleur brun verdâtre), et «dorée» (dont la coloration varie du jaune d'or au rouge vermillon). C'est le classique poisson rouge. Peu intéressante pour la pêche, cette espèce est également fouisseuse et consomme de grandes quantités d'invertébrés benthiques.

Étang en eau (connaissance du milieu)

L'anguille

Délicieux poissons à consommer, frais ou fumés, les anguilles ne sont malheureusement intéressantes à pêcher qu'aux engins (nasses et verveux). De mœurs nocturnes, leur pêche à la ligne, en dehors de conditions météo particulières (orages), n'est jamais qu'occasionnelle en étang.

Quand elles sont présentes en grand nombre dans une petite pièce d'eau (proximité de la mer), elles peuvent nuire de façon notable au développement des autres espèces. Omnivores et extrêmement voraces, tout leur est bon, larves d'insectes, mollusques, vers, crustacés et petits poissons. Si certaines anguilles semblent se spécialiser, leur vie durant, sur un régime à base d'invertébrés benthiques, d'autres au contraire sont presque exclusivement piscivores. Les écrevisses enfin, quand on tentera de les réintroduire (voir p. 53), paieront un lourd tribut à ce prédateur.

De nombreux propriétaires ignorent la présence, même abondante, des anguilles dans leur plan d'eau. Seule la pose de lignes de fond amorcées de vers ou de petits poissons et tendues pour la nuit, ou mieux de nasses ou de verveux (voir p. 27), permettront de se faire une idée de leur densité et alors éventuellement de la réduire.

ESPÈCES INTÉRESSANTES

Le gardon

Voilà certainement le poisson-fourrage le mieux adapté à nos plans d'eau et à nos climats. Extrêmement prolifique et supportant des eaux assez fraîches (12 à 15°C) même pour sa reproduction, le gardon est tout à la fois une des proies préférées du brochet, du sandre et du black-bass, mais également un poisson intéressant pour la pêche au coup. Il est, d'une part, le « poisson-école » qui permet au débutant de se faire la main et, d'autre part, le poisson fantasque et capricieux dont le comportement, sur un coup amorcé, déroutera le spécialiste de compétition (voir p. 106).

Au nord de la Loire, sa reproduction a lieu en mai-juin dès que la température de l'eau atteint 14 ou 15°C. Comme la plupart des cyprins d'eau stagnante, il dépose ses œufs sur les herbiers de bordures, ou dans les entrelacements des racines des arbres riverains (saules ou aulnes). Sur les bordures nues des ballastières, il est tout à fait à même de les déposer directement sur le gravier des berges en pente douce, ce

Étang en eau (connaissance du milieu)

Dans les petits plans d'eau, la carpe est à notre avis un indésirable...

qui explique sa bonne adaptation à ces milieux a priori peu propices. Zooplanctonophage, il est volontiers herbivore en été et consomme toute une foule d'invertébrés qui trouvent refuge au sein des plantes aquatiques. Son principal inconvénient dans les plans d'eau non vidangeables est son fort potentiel reproducteur, car si des carnassiers, en nombre insuffisant, n'arrivent pas à limiter ses populations, les gardons comme les perches ont tendance à faire du nanisme.

...., en revanche, le rotengle est une espèce à privilégier.

Étang en eau (connaissance du milieu)

De haut en bas : vairon canadien, vairon européen et goujon.

Le rotengle

Quelquefois appelé gardon de fond, alors qu'en été cette espèce se tient au contraire volontiers en surface, il est au moins aussi intéressant sinon plus que le gardon tant du point de vue de sa pêche que comme espèce-fourrage. Le rotengle supporte mieux que le gardon les eaux chaudes ou pauvres en oxygène et, de ce fait, s'acclimatera mieux que ce dernier dans les plans d'eau situés dans les régions ensoleillées du

L'anguille est un redoutable prédateur d'alevins et d'écrevisses.

sud de la Loire. Ce qui fait de lui le poisson-fourrage d'accompagnement idéal du black-bass dans de nombreux départements.

C'est le plus végétarien de nos poissons européens et à la belle saison, il « économise » les ressources de l'étang en se nourrissant activement d'insectes tombés à la surface. Moins prolifique que le gardon, ce qui, nous l'avons vu, peut être un avantage dans les petits plans d'eau. Une particularité intéressante de sa fraye est qu'elle s'effectue en plusieurs fois à partir du mois de mai, fournissant ainsi différentes classes d'âges d'alevins disponibles pour les carnassiers durant tout l'été. Il cohabite parfaitement avec le gardon et s'hybride avec cette espèce pour donner des sujets féconds (ce qui n'est pas le cas des hybrides brèmes-gardons, ou brèmes-rotengles) chez lesquels le caractère rotengle est dominant. C'est un vif idéal, résistant et supportant très bien le transport même en été dans un seau de faible volume. Pour sa pêche, il est moins fantasque que le gardon et, alors que ce dernier atteint assez rarement la livre, le rotengle, lui, dépasse couramment le kilo, voire les trois livres.

Le goujon

Excellent tout à la fois comme poisson-fourrage et en friture, le goujon ne s'acclimate hélas pas dans toutes les eaux stagnantes. Ce petit cyprinidé fouisseur n'aime pas la vase et a besoin d'eau fraîche et si possible renouvelée pour sa reproduction. En revanche, il recherche les fonds de sable ou de graviers, et de nombreuses ballastières, bien alimentées par la nappe ou par des sources résurgentes, lui conviendraient parfaitement, s'il y était introduit. C'est de plus un des poissons les plus difficiles et les plus chers à se procurer auprès des pisciculteurs, qui ne vous en proposeront jamais spontanément. Quelques mètres cubes de graviers de rivière et de sables grossiers, répartis sur des fonds en pente douce, de préférence au voisinage d'une source, suffisent souvent pour démarrer une goujonnière après l'introduction d'une centaine de géniteurs. Le goujon se nourrit principalement en fouillant le sable pour en déloger les larves d'insectes, les vers et les petits mollusques. Il ne fait pas bon ménage avec le sandre, prédateur de fond, qui l'élimine systématiquement et rapidement des petits plans d'eau ; mais il cohabite très bien avec le brochet et le black-bass, pourvu que d'autres espèces-fourrages comme le gardon ou le rotengle soient également présentes.

Le vairon européen

Nous ne citons ce poisson, le plus petit cyprinidé de nos eaux, que pour mémoire, car contrairement à ce qui a pu être dit, il est pratiquement impossible de l'acclimater en eaux stagnantes, y compris dans les ballastières au débit renouvelé par la nappe phréatique.

Le vairon canadien

Encore appelé vairon royal ou piméphale, cette espèce, très voisine de la précédente, s'adapte au contraire très bien aux petits plans d'eau, même très envasés. Orienté du point de vue alimentaire vers la base de la pyramide trophique, il transforme les algues et les détritus organiques déposés sur le fond en nourriture pour les autres poissons. Le seul inconvénient de cette espèce est qu'elle supporte très mal, dans nos eaux, la concurrence des autres poissons, pas seulement des carnassiers d'ailleurs. L'idéal est de les produire en monoculture, une simple mare suffit et, au fur et à mesure des besoins, de les déverser en été dans l'étang de pêche. Durant la belle saison, une des particularités de ces vairons est qu'ils se reproduisent toutes les cinq ou six semaines environ et qu'ils arrivent alors à supporter une prédation active de la part des carnassiers. Avec le rotengle, ils constituent le poisson-fourrage idéal pour le black.

L'ablette

Ce n'est pas un poisson d'étang à proprement parler et seules les grandes ballastières, surtout si elles communiquent encore avec les eaux courantes, leur conviennent. Tout comme la perche dont elle est la proie favorite, l'ablette est un poisson de rivière ou de vastes étendues d'eau, comme les lacs.

L'able de Heckel

Ce petit poisson, souvent confondu avec une jeune ablette et rencontré uniquement dans le nord-est de notre pays, mériterait qu'on l'introduise plus fréquemment dans les petits plans d'eau des autres régions. Les quelques essais d'introduction effectués ont montré qu'il s'adaptait très bien dans les eaux calmes, même fortement envasées. Les adultes, dont la taille ne dépasse guère 6 à 8 cm, vivent en bancs près de la surface, dans les endroits envahis par la végétation aquatique. Leur pêche n'offre pas d'intérêt mais en tant qu'espèce-fourrage leur acclimatation mériterait d'être envisagée plus souvent.

La tanche

Nous avons renoncé à classer ce poisson dans les espèces indésirables, comme la carpe ou le carassin. Espèce également fouisseuse,

La tanche dans sa parure de bronze.

mais solitaire, dans les étangs fortement envasés, la tanche utilise une niche écologique peu prisée par les autres poissons. Sa pêche au coup, en effet, même dans les petits plans d'eau est intéressante (voir p. 108). Enfin, le poisson est magnifique dans sa parure de bronze et se défend vaillamment au bout d'une ligne.

Cela dit, si sa pêche ne vous passionne pas, évitez son introduction, surtout dans les plans d'eau non vidangeables. Si l'étang leur plaît et qu'elles viennent à y proliférer, dès la fin du printemps, quand elles sortiront de leur engourdissement hivernal, l'eau sera couleur de vase en permanence. Seul le silure semble être en mesure de limiter leurs populations, une fois adultes.

L'amour blanc

Encore peu connue des propriétaires d'étangs dans notre pays, cette espèce ainsi que la suivante (amour argenté) méritent qu'on leur accorde une plus ample présentation, compte tenu de leur grand intérêt dans la gestion des plans d'eau (voir p. 66).

Souvent désigné sous le nom de « carpe chinoise » ou « carpe herbivore », l'amour blanc ressemble en fait beaucoup plus à un énorme chevesne (dans nos eaux, il atteint couramment le poids de 20 kg à 7 ou 8 ans). Ce poisson originaire de l'Extrême-Orient asiatique et en particulier du bassin du fleuve Amour, à la frontière sibéro-chinoise, a été introduit en France il y a une trentaine d'années, mais ce n'est que depuis quatre ou cinq ans, qu'il commence réellement à faire parler de lui auprès des propriétaires d'étangs. Son originalité est d'être un herbi-

Étang en eau (connaissance du milieu)

Amour blanc d'un an, bon pour l'alevinage.

vore strict, qui plus est macrophytophage, c'est-à-dire qu'il consomme les végétaux aquatiques ou amphibies supérieurs alors que l'amour argenté, lui, est un microphytophage qui consomme le phytoplancton. L'envahissement des petits plans d'eau peu profonds par les plantes aquatiques (voir p. 46) est aujourd'hui la principale nuisance rencontrée par les propriétaires. L'amour blanc qui, en été, consomme jusqu'à 150% de son poids en végétaux par jour, est le meilleur moyen de résoudre cet envahissement pour le plus grand bien des autres poissons. En effet, « digérant » imparfaitement la cellulose, l'amour enrichit

Amour blanc d'une dizaine de livres, âgé de 4 ans.

le milieu en y rejetant ses déjections. Les pisciculteurs chinois ont coutume de dire : « un amour bien nourri nourrit six autres poissons » et c'est un fait que, dans nos eaux également, les productions de gardons, de goujons ou de tanches en présence d'amours, ont été grandement augmentées.

Exception faite de la renoncule aquatique, l'amour blanc broute toutes les plantes présentes dans nos eaux ou sur leur bordure (myriophylles, potamots, nénuphars, élodées, lentilles d'eau, joncs, etc.). En fait, il s'attaque également aux algues filamenteuses qu'il dévore avec délectation ainsi qu'aux charas, ces algues calcifiées qui ressemblent à des plantes supérieures. Il est même tout à fait possible, en été, de lui donner à la surface de l'étang, de l'herbe fauchée dans les prés environnants... Une autre particularité de ce poisson est qu'il ne peut se reproduire naturellement en dehors de ses bassins asiatiques d'origine. Il est donc très facile d'en contrôler les populations, puisqu'elles ne font que grandir dans un milieu donné. Toute prolifération est exclue et avec elle le risque de disparition totale des herbiers qui ont un rôle à jouer dans l'écosystème piscicole. Comme ces poissons ne deviennent réellement efficaces dans leur action de faucardage qu'à partir de 18 ou 20°C, il n'y a pas de risque non plus de destruction des œufs des autres espèces de l'étang qui ont frayé depuis longtemps, carpe exceptée. Mais nous avons vu que, dans ce cas, ce serait plutôt un bien.

D'un point de vue halieutique, les amours sont de grands poissons de sport dont la pêche en été est des plus amusante (voir p. 110). Leur introduction, dans de nombreux plans d'eau privés, ces dernières années, a non seulement permis la pratique de la pêche à la ligne, mais a considérablement ralenti les phénomènes d'envasement et augmenté la production piscicole globale de ces étangs ou de ces ballastières.

L'amour argenté

Si le rôle de cette deuxième espèce de « carpe chinoise » n'apparaît pas aussi évident et spectaculaire (disparition des herbiers) que pour l'amour blanc, elle devrait pourtant presque systématiquement être introduite avec ce dernier tant ces deux espèces sont complémentaires. Microplanctonophage et grand consommateur d'algues unicellulaires, l'amour argenté permet de lutter contre ce fléau des temps modernes qu'est l'eutrophisation (voir p. 90). Dans les régions de culture ou d'élevage, les eaux de ruissellement, quand ce n'est pas la nappe phréatique elle-même, sont chargées en nitrates et en phosphates d'origines agricole ou ménagère, qui favorisent les développements excessifs d'algues. L'amour argenté possède sur ces arcs branchiaux des structures très spécialisées qui lui permettent de filtrer l'eau en permanence, et d'en retenir les particules les plus fines (phytoplancton). Il contribue ainsi à la clarification et à la dépollution des eaux, tout en empêchant les dépôts de vase de se former.

Il a été calculé qu'un « argenté » de 250 g filtre 32 l d'eau par heure, pour en extraire 2 à 3 g de phytoplancton. Dans nos eaux, ces poissons atteignent rapidement des poids très impressionnants : 4 à 6 kg dès la cinquième année. On imagine alors le travail de filtration effectué par un banc de plusieurs dizaines d'individus. En Europe, dans des pays comme l'Italie ou l'Allemagne où, contrairement à la France, leur introduction est non seulement autorisée mais conseillée dans les grands plans d'eau du domaine public, des individus de près de 40 kg ont été signalés ou capturés par des pêcheurs. De même que pour les amours blancs, les « argentés » devront être introduits à une taille minimale de 15 ou 20 cm dans les plans d'eau riches en brochets de belles tailles.

Le brochet

Même si sa pêche ne vous intéresse pas, et en dehors du cas particulier d'un étang à black ou d'un réservoir à truites, il est toujours bon dans un plan d'eau riche en différentes espèces, d'avoir quelques brochets. Outre leur rôle de « police sanitaire » qui consiste à éliminer prioritairement les poissons blessés ou malades, les brochets en éclaircissant les rangs des poissons blancs leur permettent de se développer pleinement et harmonieusement. Dans aucune espèce, si ce n'est peut-être chez les criquets pèlerins, la surpopulation n'est profitable. Dans les étangs qui se prêtent bien à sa reproduction (pentes douces des herbages environnants innondés fin février-début mars, hauts-fonds et queues d'étangs dont les herbiers ne sont pas tous morts), il conviendra, de même, de ne pas laisser les brochets pulluler. Ils auraient tôt fait de s'entre-dévorer, souvent même avant d'avoir sérieusement diminué les stocks de poissons-fourrages.

Contrairement à une image très répandue chez les pêcheurs, le brochet n'est pas le superprédateur qui dévore jusqu'à son propre poids de poissons par jour, capable à lui seul de dépeupler un étang. Sous nos climats, un brochet adulte consomme entre six et huit fois son propre poids de poissons et autres animaux aquatiques (rats, grenouilles, oiseaux d'eau...) par an. S'il peut très rapidement atteindre une très grande taille, un mètre de long et près de 20 livres à 7 ou 8 ans, c'est que cette espèce profite très bien de ce qu'elle consomme. Néanmoins le facteur espace intervient également, et quelle que soit, par ailleurs, la quantité de nourriture disponible dans le milieu, il ne faudra jamais espérer obtenir des brochets de plus de 10 livres dans une petite pièce d'eau de quelques ares. Un minimum d'un hectare est à considérer pour obtenir un bon développement de l'espèce.

Un bon étang à brochets devra offrir à ses pensionnaires de nom-

Étang en eau (connaissance du milieu)

Parfaitement immobile, le brochet est à l'affût, prêt à bondir.

breux postes d'affût, des accidents de terrain, des hauts-fonds, des tombants, des obstacles immergés, des herbiers, des berges en pente douce, en un mot un relief du fond très varié et des berges aussi découpées que possible. La plupart des ballastières, aux berges à pic et aux fonds plats et cailouteux ne conviennent pas au brochet. Le sandre y sera un bien meilleur prédateur.

Le sandre

Ce prédateur n'est à conseiller que dans les grands plans d'eau profonds de plusieurs hectares, du type ballastière, là ou justement le brochet ne trouve pas de conditions favorables, ni pour sa fraye, ni pour ses postes de chasse. Sandre et brochet cohabitent assez mal, et selon les caractéristiques du plan d'eau, très rapidement l'une des deux espèces l'emportera. Chassant en bande, et se spécialisant dans la capture de petits poissons, gardons de deux étés, goujons, ablettes, les sandres peuvent, dans un milieu clos et restreint, éliminer en l'espace d'une année toute une classe d'âge de poissons-fourrages et compromettre ainsi gravement l'équilibre piscicole du plan d'eau. Au bout de trois ou quatre ans, ayant ainsi systématiquement éliminé les classes de remplacement, ils disparaîtront à leur tour faute de proies.

À la fin du printemps et en été quand les alevins et les batraciens grouillent sur les bordures, le brochet n'hésite pas à s'embusquer dans très peu d'eau.

Étang en eau (connaissance du milieu)

Le silure

Voilà une espèce, nouvelle venue dans nos eaux, qui, compte tenu de la taille qu'elle peut y atteindre, devrait être réservée aux grands plans d'eau profonds. En fait, on connaît encore très mal les potentialités d'adaptation du silure dans les petits plans d'eau. Dans de nombreux cas, étangs très envasés, ballastières invidangeables envahies par les brèmes ou les poissons-chats, ce poisson serait certainement intéressant à essayer, tout du moins pour faire le ménage dans un premier temps. Dans les petits plans d'eau, la croissance de ce géant des eaux douces qui peut, dans le vaste delta du Danube, atteindre plus de trois mètres de long pour un poids de 200 kg, sera forcément limitée. Contrairement au sandre, il semble cohabiter assez bien avec le brochet. Le silure est dans nos eaux européennes le seul prédateur capable de limiter les populations de brèmes. À partir de leur troisième été, compte tenu de la conformation de leur corps, aussi haut que long, en forme de plateau, ces poissons deviennent de trop importantes bouchées même pour un gros brochet. La gueule largement fendue du silure semble au contraire être tout spécialement destinée à leur capture. Au passage, ce superprédateur transforme leur chair molle et farcie d'arêtes en une chair délicieuse et très prisée.

Le silure est capable de limiter la densité de la brème.

Les silures frayent à la fin du printemps, en mai-juin, lorsque la température de l'eau se situe entre 22 et 24°C et ne descend plus la nuit en dessous de 18-19°C. Le mâle aménage un véritable nid dans les enchevêtrements de racines des berges, auprès duquel il monte la garde pendant toute l'incubation. Ainsi protégée, la femelle pond autour de 20 000 œufs par kilo.

Le black-bass

Introduit en France à la fin du siècle dernier, ce poisson a connu une relative prospérité, surtout dans les plans d'eau du Sud-Ouest (Dordogne, Lot-et-Garonne, Landes...), jusque vers le début des années soixante. Délaissé par les instances officielles de la pêche depuis, on ne le rencontre plus aujourd'hui que dans quelques plans d'eau de particuliers qui ont su lui conserver un environnement acceptable. Le black est à notre avis, pourvu que le climat s'y prête (chaud en été), le prédateur le mieux adapté et le plus intéressant dans les petits plans d'eau. Contrairement à la perche, il n'est pas atteint de nanisme dans ces milieux et, partout où cela est possible, il devrait remplacer cette espèce dont on ne dira jamais assez le tort qu'elle peut causer dans un équilibre piscicole. Les perchettes naines constituent d'ailleurs un excellent fourrage pour le black, partout où elles sont présentes. Les perches soleils, autres nuisibles, paient un tribut d'autant plus lourd à notre prédateur qu'il les connaît très bien, elles sont ses proies naturelles dans les eaux américaines. De même pour les funestes poissons-chats dont, à la fin du printemps, il se régale des alevins. Mais si votre plan d'eau est exempt de ces espèces, inutile de les y introduire, le black s'accommode fort bien des gardonneaux et encore mieux des petits rotengles. Question cohabitation, il ne fait bon ménage ni avec le sandre ni surtout avec le brochet et, dans une petite pièce d'eau, ces prédateurs, mieux armés que lui, auraient vite raison de ses populations.

Peu connue en France, la pêche du black est, à tous points de vue, une des plus amusantes et intéressantes qui soient. A ce seul titre, ce poisson mérite qu'on lui réserve toute notre attention (voir p. 116). Il est, de plus, délicieux dans l'assiette.

CAS PARTICULIERS

Les truites

Bien qu'elles ne soient pas à proprement parler des poissons d'étang, les truites (fario et arc-en-ciel) peuvent, dans de nombreux cas de figure, s'adapter aux eaux stagnantes. En réalité, nous verrons que dans les ballastières, ces poissons s'acclimatent parfaitement et peuvent même devenir l'espèce la plus appropriée. Contrairement à une idée bien ancrée chez les pêcheurs, la truite, y compris la fario, n'est pas exclusivement un poisson d'eaux froides, pures et bondissantes. Dans les torrents de montagne, aux eaux glacées et transparentes parce que très pauvres en nutriments et en nourriture, les truites dépassent rarement la taille de 20 cm même après de nombreuses années.

Ces mêmes poissons, s'ils sont descendus dans la vallée et introduits dans un milieu riche comme un étang, vont, après quelques mois, doubler leur taille. Bien évidemment des souches déjà adaptées au milieu lacustre (truite de lac) ou au milieu marin (truite de mer) offriront

Étang en eau (connaissance du milieu)

Le sandre, un splendide prédateur et un magnifique poisson de sport, est mieux adapté aux profondes ballastières qu'aux petits étangs.

des potentialités de croissance encore plus intéressantes. Pourvu que votre plan d'eau de type étang, même peu profond, soit alimenté par des sources ou traversé par un ruisseau, il y a toutes les chances qu'il convienne à la truite. En fait, seuls l'oxygène dissous et, par là même, la température (voir p. 41) sont de réels facteurs limitants. Mais ici encore les mythes ont la vie dure, les truites, y compris les farios, supportent des températures bien supérieures aux 20°C que pratiquement tous les manuels de pêche ou de pisciculture considèrent comme fatidiques. Pourvu que l'étang soit suffisamment grand et que les poissons

Étang en eau (connaissance du milieu)

À l'inverse, le black-bass s'accommode de très petites étendues d'eau, même peu profondes mais riches en herbiers aquatiques.

puissent y circuler librement, les farios tiendront jusqu'à 23 ou 24 et les « arcs » jusqu'à 25 – 26°C. Bien sûr, à ces températures, elles ne se nourrissent plus et consacrent toute leur énergie à la recherche de l'oxygène. Cela étant, les petits étangs peu profonds, à l'eau non renouvelée, ne conviennent pas aux salmonidés, du moins en été.

En revanche, la plupart des ballastières, pourvu que leur profondeur dépasse les trois mètres, sont généralement de bons milieux pour les truites. Sous nos climats, à partir de trois mètres, en été comme en

Étang en eau (connaissance du milieu)

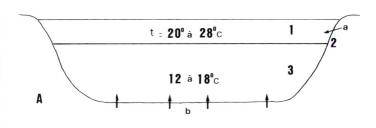

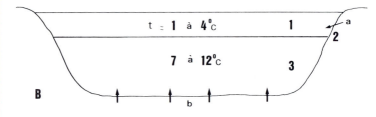

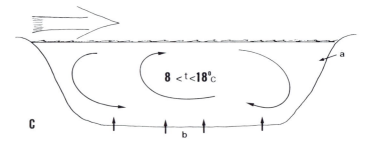

Stratifications thermiques en ballastières. A - Été: 1. Épilimnion; 2. Thermocline; 3. Hypolimnion; a. Arrivées d'eau extérieure; b. Nappe phréatique ou eaux d'infiltration. **B - Hiver:** 1. Épilimnion; 2. Thermocline; 3. Hypolimnion; a. Arrivées d'eau extérieure; b. Nappe phréatique ou eaux d'infiltration. **C - Automne et Printemps** (Vent agitant la surface et mélangeant les couches d'eau): a. Arrivées d'eau extérieure; b. Nappe phréatique ou eaux d'infiltration.

hiver, les masses d'eau stagnante se stratifient, c'est-à-dire se séparent en deux couches superposées bien distinctes qui ne se mélangeront plus avant le printemps ou l'automne. La couche de surface ou épilimnion, d'une épaisseur de 1,80 m à 2,29 m, sera très chaude en été, sa température pouvant s'élever jusqu'à 27 ou 28°C, et très froide en hiver. La couche du fond ou hypolimnion, séparée de la première par la thermocline ou « saut thermique », restera au contraire fraîche en été (entre 12 et 17°C le plus souvent) et plus chaude en hiver de 5 à 7°C que la couche de surface. Il est bien évident qu'en été comme en hiver, les truites trouveront refuge dans cette couche du fond où elles continueront de s'alimenter normalement. Nous envisagerons (voir p. 98) les modalités pratiques de création d'un « réservoir » à salmonidés.

Bien évidemment dans une ballastière les truites ne se reproduiront pas, quand bien même vous les verrez frayer sur les fonds caillouteux en hiver. Cet instinct reproducteur ne sert ici à rien et il est même grandement préjudiciable aux poissons. Les mâles s'épuisent à se poursuivre et se mordre les uns les autres, les femelles se blessent en creusant leurs frayères dans les cailloux et 30 à 40% des poissons en moyenne ne survivent pas à la fraye. Chez les arcs-en-ciel, tout particulièrement, poissons pourtant les mieux adaptés aux conditions de vie en plans d'eau, le stress physiologique de la fraye entraîne une quasi-suppression des défenses immunitaires des poissons qui se couvrent alors de mousse (syndrome mycosique) et deviennent ainsi vulnérables à tous les agents pathogènes présents dans le milieu. De plus, pendant toute la période préparatoire à la fraye et pendant celle-ci, les poissons ne se nourrissent plus et, après l'expulsion des produits génitaux, ceux qui survivent ont perdu jusqu'à un tiers de leurs poids.

Confrontés aux mêmes phénomènes, les pisciculteurs ont, dans un premier temps, sélectionné uniquement des truites femelles qui maturent sexuellement en moyenne une année plus tard que les mâles. Continuant dans cette voie, ces toutes dernières années les généticiens de l'I.N.R.A. ont réussi à créer des lignées de truites stériles. Ce sont ces poissons, un peu plus chers à l'achat, que l'on trouve maintenant chez de nombreux salmoniculteurs (voir p. 142) qu'il faut introduire dans les ballastières. D'autres hybrides de salmonidés eux aussi stériles, mais malheureusement peu connus en France, conviennent également parfaitement aux réservoirs. La truite-tigre, fruit du croisement d'une truite fario femelle avec un saumon de fontaine mâle, doit son nom aux vermiculures de sa robe qui font penser au pelage de ce félin. Peu farouches, se nourrissant surtout en surface, ces poissons sont très recherchés pour leur beauté ainsi que pour l'excellence de leur chair.

Dans les ballastières ou les étangs alimentés par un ruisseau, les truites sont parfaitement omnivores, surtout les arcs-en-ciel qui, en été, peuvent même consommer des herbes. En hiver quand la faune des

Étang en eau (connaissance du milieu)

Très grosses truites arc-en-ciel prises à la mouche en réservoir.

invertébrés benthiques se fait rare, elles tirent profit du zooplancton. Les farios sont plus piscivores et montent plus rarement se nourrir en surface. Elles chassent également plus volontiers la nuit et sont, de ce fait, moins intéressantes pour la pêche. Néanmoins, les deux espèces seront presque toujours à associer pour tirer pleinement parti des ressources trophiques du plan d'eau. Les « arcs », même quand elles seront très grosses, ne s'attaqueront qu'en dernier recours aux poissons

Étang en eau (connaissance du milieu)

blancs, gardons, ablettes ou rotengles. Les farios, au contraire, utiliseront parfaitement cette ressource et les perchettes, elles aussi, entreront dans leur menu. Leur principale source de nourriture cependant, dans tous les cas, restera constituée par la faune des invertébrés : vers, sangsues, larves d'insectes, gammares et autres crustacés, ainsi que mollusques (escargots d'eau).

Les autres hôtes de l'étang

Un étang de loisir, même s'il est avant tout destiné à la pêche, doit également bénéficier dans toute la mesure du possible d'un cadre agréable ou, le cas échéant, d'un paysage amélioré. Rien n'est plus laid que ces petites ballastières, creusées les unes à côté des autres et laissées en l'état. L'ancien chemin d'évacuation des granulats les entoure ; seules quelques mauvaises herbes s'accrochent sur les berges nues et surtout, pas un signe de vie ne semble les habiter, exception faite de quelques rats qui ont généralement élu domicile dans l'inévitable décharge sauvage au bord de l'eau. La flore rivulaire (voir p. 44), l'aménagement paysager des abords du plan d'eau, étang ou ballastière, sont nécessaires, non seulement pour le plaisir des yeux de l'utilisateur, mais également pour toute une faune, oiseaux, reptiles, batraciens et petits mammifères qui vont y élire domicile.

La plupart des ballastières conviennent parfaitement à la vie des truites.

Étang en eau (connaissance du milieu)

Les batraciens

Quand ils sont trop nombreux, ce qui est rare de nos jours, les têtards de grenouille qui consomment indifféremment phyto et zooplancton, font concurrence aux alevins de poissons. Mais ils constituent également des proies recherchées par de nombreuses espèces, comme les truites, black-bass, brochets, etc.

Les reptiles

Nous ne citerons la cistude ou tortue d'eau douce que pour mémoire. On la rencontre surtout en Brenne. Les adultes se nourrissent de têtards et d'alevins. Un peu partout en France deux espèces de couleuvres, à collier et la vipérine, habitent au bord des étangs. Toutes deux sont de grandes consommatrices de têtards, de tritons et accessoirement d'alevins de poissons.

Les oiseaux d'eau

À moins que votre étang ne soit situé dans une des grandes régions piscicoles de notre pays (Sologne, Dombes, Brenne, Lorraine...) ne vous attendez pas à en faire un lieu de rassemblement ornithologique, ce qui ne serait d'ailleurs pas conseillé pour la pêche. Un martin-pêcheur y sera peut-être déjà installé, un héron viendra de temps à autre s'y promener, et les inévitables canards s'y reposeront lors d'une migration au long cours. Même s'ils vont utiliser quelquefois les mêmes ressources alimentaires que les poissons, la présence des oiseaux aquatiques peut être considérée comme bénéfique, du moins pour les espèces non directement prédatrices. Pourtant, un héron installé à demeure, un couple de grèbes peuvent dans une petite pièce d'eau effectuer un prélèvement excessif et surtout blesser de nombreux poissons. Canards et sarcelles, quand ils ne sont pas trop nombreux, participent à la fertilisation du milieu par leurs déjections. Au printemps, ces espèces jouent un rôle important et pas toujours favorable en passant d'un étang à l'autre, introduisant ainsi des œufs de perche, de brochet ou de certains cyprinidés, qui se sont collés sur leurs pattes ou leur plumage en barbotant dans les herbiers. Dans certaines régions, les mouettes rieuses, les goélands et les cormorans, qui consomment énormément de petits et moyens poissons, sont devenus des nuisances majeures au bord des étangs.

Les mammifères

La loutre, là où elle existe encore dans nos campagnes, ne fréquente que les eaux courantes ou les grands plans d'eau. En fait, pour le

Étang en eau (connaissance du milieu)

Autres hôtes de l'étang. De haut en bas et de gauche à droite: canards colverts; héron cendré; martin-pêcheur; couleuvre à collier; grèbe huppé; grenouille et têtards.

Étang en eau (connaissance du milieu)

Des cygnes trop nombreux peuvent être une nuisance sur un petit étang.

propriétaire d'étang, trois rongeurs sont importants à connaître. Le ragondin, assez gros animal qui ressemble, sauf la queue, à un castor et qui pèse jusqu'à 10 ou 12 kg. Herbivore strict, il s'attaque surtout aux joncs et aux roseaux et, à ce titre, il joue un rôle de faucardeur quelquefois bénéfique. Il ne creuse pas de terrier mais construit une hutte en végétaux. C'est un animal utile. Le rat musqué, avec qui il est souvent confondu, est au contraire hautement nuisible. Beaucoup plus petit, pesant autour d'un kilo, il est plus omnivore, et se régale tout particulièrement des moules d'eau douce, dont il amasse les coquilles près des berges (voir photo page ci-contre) et des écrevisses. C'est lui le responsable du «minage» des berges de nos cours d'eau et de nos étangs. Il constitue une menace pour les digues. Le rat d'eau enfin, le plus petit des trois, qui ressemble à un petit rat d'égout, mais qui est en définitive un gros campagnol. Il creuse également des terriers et sape, lui aussi, les digues et les berges et dévore les œufs, les alevins et les petits poissons (voir p. 20 la lutte contre les nuisibles).

Un amoncellement de coquilles vides d'anodontes (moules d'eau douce) signe le festin du rat musqué.

Entretien et gestion

Le gardiennage

Voilà bien un des problèmes majeurs auxquels se trouve confronté un propriétaire de plan d'eau. L'idéal est évidemment soit de résider sur place, soit que le plan d'eau se trouve sur le terrain d'une propriété close. Dans tous les autres cas, il faudra faire appel à quelqu'un de la région, si possible assermenté, pour surveiller votre bien. Dans tous les villages de France et de Navarre, il y a des gardes champêtres, des gardes-chasses communaux ou des retraités de l'administration ou de l'armée, qui, moyennant une somme raisonnable, voire en échange d'un droit de pêche pour eux-mêmes, viendront de temps à autre faire un tour au bord de l'étang. La pose de quelques pancartes interdisant la pêche a toujours un effet dissuasif. Le braconnage est surtout à craindre si vous avez introduit des truites dans votre étang. D'une part ces poissons coûtent cher, d'autre part ils sont très faciles à prendre à la ligne. Il faudra beaucoup de chance à un pêcheur indélicat pour «cravater» en moins de deux heures un beau brochet, alors que dans le même laps de temps et avec le même matériel (une canne à lancer) il est facile de prendre dix kilos de truites récemment déversées... et surtout de recommencer ainsi tous les soirs ou tous les matins de la semaine avec le même succès. Dans un étang riche en brochets, le seul réel danger de braconnage réside dans la pose de «trimmers» la nuit qui seront relevés discrètement au petit matin.

Un pêcheur non invité pratiquant dans une eau close ne fait d'ailleurs pas, à proprement parler, acte de braconnage mais acte de vol. Si dans les eaux libres le poisson est *res nullius* et appartient à celui qui l'attrape soit selon les règles en vigueur (acte de pêche), soit par des modes de pêche ou pendant des périodes non autorisées (acte de braconnage), dans les eaux closes, il est *res propria* et appartient au propriétaire du fonds.

Entretien et gestion

La fertilisation

Nous devrions plutôt ici parler de minéralisation. La fertilisation à base d'engrais organiques phosphorés ou azotés, si elle est nécessaire en étang de pisciculture, est au contraire presque toujours une nuisance en étang de loisir (voir p. 90 eutrophisation). Les eaux de ruissellement, quand ce n'est pas la nappe phréatique elle-même, seront très souvent trop riches et chargées en nitrates et phosphates, du moins dans les régions de culture ou d'élevage, au point de compromettre l'équilibre écologique du plan d'eau.

Les apports de minéraux et tout particulièrement de calcium sont, en revanche, dans bien des régions à sols pauvres (les régions d'étangs comme la Sologne, la Brenne, la Dombes) une bénédiction pour l'eau et les poissons. Les pêcheurs de truites savent bien que le calcium joue un rôle direct dans la croissance des poissons. Dans les rivières granitiques du Massif central ou de Bretagne, les truites ne grossissent pas ou très lentement et leur taille légale de capture est pour cela fixée par le législateur à 18 ou 20 cm. En Normandie ou en Franche-Comté, les rivières crayeuses (*chalk-streams* des Anglo-Saxons) abritent au contraire des populations de truites grasses à croissance rapide. Ce qui est vrai pour les truites l'est également pour les autres poissons, et le calcium ou la craie sont aussi importants dans un étang que dans une rivière. Ce n'est pas un hasard si les plus gros brochets connus proviennent des grands lacs à fond de craie de l'ouest de l'Irlande (Corrib, Conn, Mask). De nombreuses études ont montré que les concentrations en calcium les plus favorables à une production piscicole sont de l'ordre de 80 à 100 mg par litre. Dans de nombreuses régions, Sologne, Limousin, Brenne, la valeur moyenne des teneurs en calcium est inférieure à 15 ou 20 mg. Un apport y est donc nécessaire. C'est par l'analyse de l'eau de votre étang (se renseigner auprès de la D.D.A. de son département et plus particulièrement du S.R.A.E., (Service régional d'aménagement des eaux) que vous connaîtrez les quantités de calcium à apporter.

Mais le calcium ne joue pas seulement un rôle direct dans la croissance des poissons, il intervient également, et de façon non moins importante même si elle est méconnue des pêcheurs, par ce que les hydrobiologistes appellent son «pouvoir tampon». Ce pouvoir ou cet effet tampon va jouer le rôle principal au sein des eaux dans la limitation des valeurs du pH et leur stabilisation (voir p. 42). Les poissons n'aiment pas les brusques variations du pH qui peuvent même leur être fatales. Dans une eau peu minéralisée, surtout si elle est eutrophisée, la production intense de phytoplancton et de matières végétales au printemps et en été va entraîner au cours de la journée de très fortes variations de la teneur en oxygène et du pH de l'eau (voir p. 41). Le calcium va «tamponner» le milieu et s'opposer ainsi à ces variations journalières.

L'apport de calcium peut se faire sous différentes formes. Chaux vive (CaO) qu'il faudra manipuler avec précaution sous peine de brûlures, chaux éteinte Ca(OH)$_2$ ou carbonate de calcium (CaCO$_3$) sous forme de calcaire broyé, pulvérulent ou, de préférence, craie planctonique (bioplancton N.D.). Remarquons ici que le gypse ou sulfate de calcium, quelquefois préconisé, n'a dans ce cas pas d'action car les ions sulfates en se combinant avec l'hydrogène de l'eau s'opposent à l'élévation du pH. Par ailleurs, les sulfates risquent de se transformer sur le fond de l'étang en sulfites néfastes pour la vie aquatique. La connaissance de la nature des sédiments du fond est très importante, car ces sédiments sont le siège de réactions chimiques et biochimiques (action des micro-organismes, algues et bactéries) complexes, vitales pour la faune benthique. Dans les étangs fortement envasés et à faible renouvellement d'eau, jusqu'à 90% des apports calciques se trouveront ainsi «piégés» dans la couche de vase. À condition d'utiliser certaines formes de carbonate de calcium (craies planctoniques), nous verrons au chapitre suivant que ce captage du calcium peut être extrêmement bénéfique à long terme dans la diminution de la couche de vase.

Les quantités de calcium à apporter varient naturellement selon les régions et les étangs. Les valeurs moyennes se situent entre 1 et 3 t de chaux ou de craie à l'hectare. De telles quantités ne sont pas toujours faciles à épandre, surtout dans les plans d'eau non vidangeables. Le recours à un spécialiste équipé du matériel nécessaire, bateau épandeur ou «canon souffleur» pour la craie, sera souvent nécessaire.

La lutte contre la vase

Des dizaines de milliers d'hectares d'étangs et, à un degré moindre, de ballastières sont menacés dans notre pays, quand ils ne sont pas déjà asphyxiés par l'envasement. Il y a bien peu de plans d'eau qui échappent à ce fléau. Seuls les assecs réguliers, tels qu'ils étaient autrefois pratiqués en Dombes avec mise en culture céréalière une année sur trois du fond de l'étang, empêchaient la couche de vase de s'accroître irrémédiablement avec le temps.

La vase provient de la dégradation, puis de la décomposition chimique, sur le fond des étangs, de la matière organique essentiellement végétale produite par l'écosystème. Les herbiers qui meurent tous les hivers, les feuilles mortes qui tombent sur l'étang et surtout le phytoplancton qui n'est pas consommé et qui sédimente, accroissent tous les ans de quelques centimètres la couche de vase déjà présente. Le phénomène est général et aucun plan d'eau n'y échappe. Il est plus ou moins important selon la nature des sols. Sur les sols pauvres, sableux, tourbeux, où ne pousse aucune végétation et où le phytoplancton ne trouve pas de nutriments pour son développement, il est très ralenti et passe inaperçu.

Entretien et gestion

Un traitement au bioplancton F est ici indispensable.

Le plus souvent, l'envasement est considéré comme une fatalité surtout s'il est très important, cas de la quasi-totalité des petits étangs de pisciculture à l'abandon depuis des décennies, et la plupart des propriétaires, après avoir envisagé (devis d'une entreprise spécialisée à l'appui) son élimination mécanique par curage, abandonnent devant l'ampleur et surtout le coût des travaux. Pourtant, il existe aujourd'hui un procédé de traitement et de réduction de la couche de vase qui, sans faire appel aux engins mécaniques et pour un coût raisonnable, donne satisfaction. Nous voulons parler du traitement à la craie planctonique (bioplancton, aquapur, craies de Champagne). Il s'agit de traitements qui présentent tous les avantages des apports calciques vus au chapitre précédent. C'est très récemment, en 1984, que fut entreprise la première expérimentation sérieuse et réellement scientifique. Elle fut menée et est encore aujourd'hui poursuivie par le célèbre institut Max Planck de Bavière. Elle analyse l'action de la craie dans l'élimination des vases.

L'exemple du lac des Oies de Konrad Lorenz

Vers la fin des années soixante-dix, le lac des Oies avait pratiquement disparu sous une couche de vase de plusieurs mètres (Konrad Lorenz qui fut lui-même d'ailleurs directeur de cet institut y avait réalisé ses passionnantes études sur le comportement animal en général et celui des oies en particulier dans les années cinquante). Ce magnifique lac de 8 ha était devenu complètement eutrophisé essentiellement pour cause d'agriculture avoisinante. Il était envahi par les plantes aquatiques dont la mort et le pourrissement ajoutaient chaque hiver quelques centimètres de vase putride supplémentaire. Les déjections des oies et autres oiseaux aquatiques n'arrangeant rien naturellement. Or ce lac était, du fait des travaux de Lorenz, devenu pour nos voisins allemands un véritable symbole écologique qu'il fallait absolument sauver. De nombreuses solutions furent envisagées par l'institut Max Planck pour rendre à l'eau sa transparence et éliminer les millions de mètres cubes de vase qui asphyxiaient littéralement toute vie animale.

Le lac est aujourd'hui sauvé et un rapport de synthèse vient d'être récemment publié par les chercheurs de l'institut. C'est une nouvelle forme de craie coccolithique, le bioplancton F (N.D.), qui a été employée avec succès. Après différents essais d'élimination mécanique (dragage et aspiration à la suceuse) qui se révélèrent infructueux, le traitement au bioplancton fut démarré le 6 juillet 1984, avec épandage sur les eaux glauques du lac de 25 t de produit, renouvelé le 31 août de la même année par une deuxième distribution de 20 t. Dès l'automne, les résultats dépassèrent les prévisions les plus optimistes des scientifiques et tout particulièrement des limnologistes de l'institut. Les eaux retrouvèrent leur transparence du temps où Konrad Lorenz s'y baignait avec ses oies, leur pH retrouva des valeurs normales proches de la neutralité, le taux d'oxygène dissous redevint tel qu'il fut de nouveau compatible avec la vie.

Depuis, tous les ans, vers la fin du printemps, le lac reçoit un traitement unique d'une vingtaine de tonnes de bioplancton. Comme les eaux de ruissellement continuent d'y déverser les nitrates et les phosphates résiduels des épandages d'engrais agricoles, un peuplement à base de poissons herbivores chinois, amours blancs et amours argentés y a été introduit pour contrôler la végétation, phytoplanctonique et macrophytique. Il ne servirait à rien en effet de lutter contre l'envasement par un traitement à la craie, si la pousse exagérée des algues et des végétaux, trouvant de nouveau des conditions favorables à leur développement, venait l'hiver suivant recommencer le processus de dépôt de vase. D'après les études de l'institut Max Planck, une tonne de craie ou plutôt de bioplancton, dont nous verrons plus loin les qualités particulières, décompose 200 t de vase (rapport de 1 pour 200). Au microscope électronique il a été montré que le produit reste actif plusieurs années au cœur de la vase et continue d'agir par minéralisation de cette dernière. Les mécanismes biochimiques intimes, encore mal connus, consisteraient en une floculation des colloïdes et une minéralisation du substrat sous l'action de micro-organismes décomposeurs.

Le bioplancton F est une craie (carbonate de calcium $CaCo_3$) de structure extrêmement fine, pure à 97%, formée par l'accumulation au fond des mers, il y a des millions d'années, des «squelettes calcaires» de milliards et de milliards d'algues microscopiques unicellulaires flagellées du genre *Coccolithus*, dont les représentants actuels constituent encore aujourd'hui une forte proportion du phytoplancton de nos océans et de nos lacs. Chaque infime grain de craie, les savants de l'ins-

Un «squelette» calcaire de coccolithe grossi 10 000 fois sous un microscope électronique.

titut Max Planck se sont amusés à compter et en ont dénombré 80 milliards par gramme de bioplancton, représente en fait un squelette de coccolithe. La surface développée de ces minuscules particules représenterait toujours d'après des études très sérieuses, 2,50 m^2 par gramme de poudre de craie. Ces chiffres permettent en fait d'expliquer les fantastiques résultats obtenus, car dans toute réaction chimique ou biochimique entre deux corps, ici la craie et la vase, ce qui conditionne en grande partie l'efficacité de la réaction est la surface de contact des parties en présence. Une tonne de bioplancton F (F pour «fossilisé») représente, une fois dispersée dans le milieu aquatique, une surface réactionnelle de contact phénoménale de 250 ha.

Ces chiffres se passent de commentaires et les chercheurs bavarois préconisent les quantités suivantes : en traitement d'attaque, 3 à 5 t de craie pulvérulente par hectare de plan d'eau à traiter sont nécessaires pour «digérer» la vase et 1 à 2 t suffisent ensuite annuellement pour éviter qu'elle ne se reforme. Comme les Allemands et tout particulièrement les Bavarois sont des gens pratiques, ils ont calculé le prix d'un traitement au bioplancton fossilisé et ont établi un coût de 2 à 3 marks par tonne ou mètre cube de vase digérée, soit environ 5 à 6 francs. À titre de comparaison, les moyens mécaniques, dragage, aspiration et autres, reviennent en moyenne à plusieurs centaines de francs par mètre cube de vase évacuée. Ces moyens posent de plus le problème du rejet des vases et boues, tout en abîmant souvent les berges.

La lutte contre l'eutrophisation et l'envahissement par les végétaux aquatiques

Étymologiquement, eutrophisation signifie «qui nourrit bien». Une eau eutrophe devrait donc en théorie abriter tout un écosystème aquatique en équilibre avec, en bout de chaîne, une production importante de poissons. Pourtant, dans la réalité, depuis une vingtaine d'années, ce terme est devenu synonyme de «peste des eaux». C'est d'un véritable fléau national qu'il s'agit pour nos fleuves, lacs, retenues, étangs et ballastières dont l'eau est transformée en une sorte de «tapioca» glauque, verdâtre, d'odeur nauséabonde. Il convient ici de distinguer entre les phénomènes d'eutrophisation naturels, d'évolution très lente, portant sur plusieurs dizaines de milliers d'années, dus essentiellement à l'érosion, et les phénomènes accélérés, portant quelquefois sur moins de dix ans, dus à l'action humaine, agricole le plus souvent, auxquels nous assistons aujourd'hui.

À l'état de nature, un lac ou une eau close sont alimentés en matières minérales provenant de l'érosion et de la filtration des eaux par des sols non cultivés. À ces apports, il faut ajouter aujourd'hui les ma-

Plan d'eau en équilibre : l'eau est claire et les herbiers bien délimités.

tières minérales en provenance des eaux résiduaires domestiques, industrielles, les fertilisants agricoles, les résidus de l'élevage et les polluants atmosphériques ramenés au sol par les pluies. Les quantités d'azote et de phosphore que doit « digérer » un plan d'eau peuvent alors prendre des proportions phénoménales, eu égard à sa superficie. Les pratiques de l'agriculture moderne, entraînant l'abandon des pâtures extensives, le développement de la mécanisation, la fertilisation et le labour des prairies autrefois permanentes, les cultures à haut rendement, demandent un usage généralisé des engrais et un remaniement fréquent des sols qui provoque une érosion accrue avec dissolution des nitrates. Véhiculés par les eaux de ruissellement, ces derniers vont finalement s'accumuler dans les plans d'eau et les nappes phréatiques, quand ils ne se retrouvent pas dans un fleuve qui va enrichir en nitrates l'océan ou la mer du Nord (rappelons-nous les pollutions catastrophiques des côtes hollandaises, allemandes et danoises au printemps 88). En pratique céréalière, chaque hectare cultivé peut ainsi perdre jusqu'à 100 kg d'azote par an, ce qui correspond à la quantité normalement rejetée pendant la même période par 65 habitants.

L'eutrophisation : la peste verte

L'eutrophisation peut ainsi se résumer en une superfertilisation des eaux, qui va favoriser, dès que la température et l'ensoleillement du milieu seront suffisants, le développement de végétaux bien particuliers : les algues unicellulaires et filamenteuses. Ces algues servent normalement de nourriture au zooplancton et à différents types d'invertébrés filtreurs. Nous savons que c'est ce zooplancton justement, ou du moins son abondance, qui conditionne la richesse piscicole d'un plan d'eau. Mais si les algues planctoniques se développent plus vite qu'elles ne sont consommées, elles entraînent un déséquilibre de l'ensemble du système. Au lieu de servir de nourriture dans la chaîne alimentaire qui aboutit normalement aux poissons, elles vont les asphyxier en consommant tout l'oxygène du milieu et en rendant impossible son renouvellement. Leur décomposition sur le fond va encore aggraver ce manque en oxygène. Dans des conditions normales, les bactéries et autres micro-organismes du fond transforment ou plutôt recyclent la matière organique en matière minérale (azote, phosphore) en présence d'oxygène. Une excessive richesse en matières organiques à décomposer, jointe à l'épuisement des réserves d'oxygène du milieu, favorise au contraire le développement de bactéries anaérobies sulfidoréductrices, qui n'assurent pas une décomposition totale de la matière organique. Elles dégagent, en plus, des gaz toxiques (anhydride sulfureux et méthane), lesquels contribuent à l'asphyxie complète de l'écosystème.

Dans la plupart des cas, le déséquilibre du système n'est pas total et les poissons, du moins certaines espèces, peuvent survivre. Mais en l'espace de quelques années, on assiste à un appauvrissement de la

Entretien et gestion

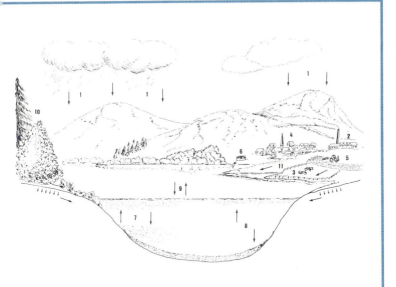

Causes de l'eutrophisation: *1. Polluants atmosphériques; 2. Industries; 3. Élevage; 4. Habitations; 5. Cultures; 6. Station d'épuration; 7. Algues; 8. Sédiments; 9. Azote atmosphérique; 10. Forêts; 11. Prairies.*

faune piscicole. Les espèces nobles: salmonidés, percidés, ésocidés ainsi que les cyprinidés les plus exigeants quant à la qualité de l'eau (goujons, gardons) disparaissent malheureusement au profit d'espèces supportant de faibles teneurs en oxygène dissous comme les carpes, brèmes, anguilles, carassins.

Pour lutter contre l'eutrophisation, la solution idéale, mais hélas illusoire dans la pratique, consiste bien évidemment à supprimer les apports de nitrates et de phosphates dans le plan d'eau. La prévention est très difficile car la pollution agricole, contrairement aux pollutions industrielles ou ménagères, est omniprésente, diffuse et inévitable en milieu rural. Ses effets sont insidieux, cumulatifs et à retardement, contrairement à ceux d'une pollution chimique ou industrielle, immédiats et brutaux qui obligent les responsables à prendre des mesures radicales. On ne peut pas construire autour de tous les plans d'eau, comme on l'a fait pour le lac d'Annecy, un canal de ceinture qui recueille toutes les eaux résiduaires riveraines pour les conduire vers une station d'épuration. À défaut de prévenir, il faut essayer de guérir, tout particulièrement en essayant d'enrayer le développement algal. On peut, en déversant dans le milieu des sels de fer ou d'alumine, faire précipiter les phosphates, facteur indispensable de la croissance des algues unicellulaires. On peut aussi tuer les algues et bloquer leur proli-

Entretien et gestion

fération en épandant du sulfate de cuivre. Mais, outre que ces procédés coûtent cher et nécessitent une main-d'œuvre spécialisée, ils sont très dangereux pour la microfaune aquatique car leur toxicité s'exerce aussi à l'égard du zooplancton, des invertébrés et même des alevins.

Le phénomène d'eutrophisation aboutissant finalement à une surproduction d'algues planctoniques qui ne sont pas consommées, pourquoi ne pas leur trouver un consommateur plus efficace que le zooplancton et qui ne se laisserait pas déborder. D'autant plus que ce consommateur existe, qu'il est sélectif et efficace et qu'il a été introduit en Europe voilà près d'un demi-siècle. Il s'agit de l'amour argenté (voir p. 66) originaire des grands bassins fluviaux d'Asie. Ce poisson filtreur, équipé d'organes très spécialisés situés sur le devant des arcs branchiaux, récupère en nageant les particules les plus fines du phytoplancton (entre 6 et 25 microns). De plus, ses déjections enrichissent le milieu et favorisent la production de nombreuses autres espèces de cyprins au premier rang desquels, le gardon et le goujon. Mais pour quelle raison, direz-vous, ce poisson n'est-il pas plus répandu et en particulier dans les grands plans d'eau communaux souvent très eutrophisés ? Parce qu'il a l'inconvénient de ne pas figurer sur la liste de l'arrêté ministériel du 17 décembre 85 fixant les différentes espèces de poissons représentées dans les eaux visées à l'article 413 du Code rural. Et, à ce titre, son introduction dans les eaux libres est interdite. Ainsi la France est-elle le seul pays européen qui entrave au lieu de la favoriser la diffusion de cette espèce. Heureusement, compte tenu de son intérêt en pisciculture d'étang, on la trouve aujourd'hui auprès de nombreux aquaculteurs et en attendant que les nombreuses demandes de révision de cet arrêté aboutissent, il est tout de même possible de lutter contre l'eutrophisation chez soi.

La lutte contre les herbiers aquatiques qui peuvent en été par leur prolifération rendre toute pêche à la ligne impossible, surtout dans un petit plan d'eau, peut quant à elle également se résoudre par l'introduction d'un poisson chinois, l'amour blanc, qui, lui, va consommer les macrovégétaux et les algues filamenteuses (voir p. 65). Cette solution de contrôle biologique est ici encore bien préférable à toutes les autres méthodes, mécaniques par faucardage ou chimiques par les désherbants aquatiques. L'introduction d'amours blancs (une centaine de kilos à l'hectare) est de loin le procédé le moins onéreux pour limiter la végétation aquatique. De plus, ces poissons offrent aussi de belles possibilités de pêche sportive (voir p. 109). Bien évidemment, l'amour blanc n'est pas non plus inscrit sur la liste de l'article 413, alors que, soulignons-le ici, cette espèce comme l'argenté est incapable de se reproduire dans le milieu naturel et ne peut donc faire courir le moindre risque aux équilibres piscicoles existants. Cela étant et pour la petite histoire, de très nombreuses sociétés de pêche, contre l'avis de leurs dirigeants fédéraux et pour satisfaire leurs membres, ont depuis ces dernières années effectué des repeuplements en amours blancs pour nettoyer leurs plans d'eau et pouvoir y pratiquer la pêche à la ligne. En matière de faucardage biologique, l'écrevisse californienne (voir p. 96) donne également de très bons résultats.

Un étang à black-bass

Dans les toutes petites pièces d'eau, qu'elles soient de type étang ou ballastière, le black-bass est de loin le carnassier le plus intéressant à introduire. Dans tout plan d'eau de moins d'un hectare, les sandres auront tôt fait d'éliminer jusqu'au dernier les poissonnets vieux de un ou deux étés et ensuite ils dépériront, faute de proies. Le brochet est surtout intéressant par la grande taille qu'il peut atteindre, mais dans un petit plan d'eau, quelle que soit par ailleurs la quantité de nourriture disponible, sa croissance sera forcément limitée, et de plus sa pêche sur une petite surface n'offre que peu d'intérêt. Le black est en fait le carnassier idéal qui, chaque fois que cela est possible, devrait remplacer la perche. C'est un fantastique poisson de sport, délicieux dans l'assiette et très amusant à pêcher. Un des grands avantages de ce poisson, par rapport à nos carnassiers indigènes qui sont surtout actifs en automne et en hiver, est qu'il présente son maximum d'activité et d'appétit en été. Une aubaine pour les pêcheurs qui, une fois n'est pas coutume sous nos climats, ont ainsi la possibilité de pêcher sérieusement autrement qu'au coup pendant la belle saison. C'est après la fraye, fin mai à mi-juin selon nos régions, que se feront les plus belles pêches.

Biotope à black-bass caractéristique.

À la différence de la perche, il n'est pas atteint par le nanisme, et des petites pièces d'eau peuvent réserver de belles surprises quant à la taille des sujets. Sa principale exigence, du point de vue de son habitat, est une eau chaude en été, riche en couverts (herbiers), en postes et cachettes (bois mort dans l'eau) et bien sûr en nourriture (abondance de poissons-fourrages ou d'autres proies). Le black se plaît quand la température dépasse les 24 ou 25°C et il supporte allègrement les 28 voire 30°C. Mais il ne faudrait pas en conclure trop vite que c'est un poisson tropical et qu'il ne supporte pas l'eau froide. On a un peu trop tendance à oublier que dans son milieu d'origine, en Amérique du Nord, on le trouve certes en Floride, mais également dans le nord des États-Unis et même jusqu'au Québec, où les hivers sont autrement longs et rigoureux que chez nous. D'ailleurs, alors qu'en France il est admis que ce poisson ne peut prospérer que dans le Sud-Ouest ou le Midi méditerranéen, on a oublié que pendant de nombreuses années, les étangs solognots lui convenaient parfaitement. Un recensement officiel, fait par l'administration des Eaux et Forêts au début des années cinquante, faisait état de son acclimatation ou du moins de sa présence à l'époque dans trente-neuf de nos départements. Le black, donc, aime les petits étangs à l'eau chaude, encombrés par la végétation (nénuphars, potamots...) et le bois mort.

L'autre grand avantage de ce poisson est que dans ce type de plan d'eau où la plupart des modes de pêche sont difficiles voire impossibles à pratiquer, il se laisse très bien capturer moyennant quelques astuces, puisqu'en été, il mord tout particulièrement en surface. Très vorace, il a besoin d'une nourriture abondante, mais n'est pas difficile quant à la nature de ses proies. Certainement le plus opportuniste des carnassiers, il consommera aussi bien des larves d'insectes, que des sangsues, des vers, des escargots, des crustacés (il raffole des écrevisses), des batraciens (grenouilles, têtards, tritons) ou des poissons. Il est capable, fait assez unique chez un prédateur, d'utiliser et d'exploiter au mieux toutes les ressources alimentaires animales du milieu. En été, il recherche activement les insectes terrestres comme les sauterelles ou les mouches. Les gros individus n'hésitent pas à attaquer les oisillons ou les petits mammifères aquatiques, musaraignes et jeunes rats d'eau. Dans nos eaux, le poisson-fourrage le plus adapté à ce prédateur est certainement le rotengle qui, lui aussi, aime les eaux chaudes, riches en végétation aquatique. De plus, comme ce cyprinidé se reproduit tout au long de la belle saison, les petits blacks auront toujours des alevins de bonne taille à leur disposition au cours de leur premier été.

Il a besoin pour sa fraye de zones non envasées, où le mâle construit un nid, auprès duquel il montera une garde farouche durant toute l'incubation. Il en profite pour créer avec ses nageoires un mouvement de brassage de l'eau au-dessus des œufs, évitant que les sédiments ne les recouvre tout en les oxygénant. C'est à ce moment-là qu'il est le plus vulnérable, surtout s'il y a des brochets dans le milieu. En

Entretien et gestion

Coupe d'un étang à black-bass : 1. Nénuphars postes de bordures ; 2. Arbre noyé ; 3. Palette de levage arrimée au fond par une corde lestée ; 4. Vieux pneus attachés ensemble et lestés ; 5. Casiers à bouteilles.

règle générale, il ne fait pas bon ménage avec le brochet, beaucoup plus puissant et mieux armé que lui.

Dans une ballastière, aux fonds propres et bien dégagés, il est possible d'aménager des postes à black, en immergeant des «récifs artificiels». Il s'agit de grosses branches qu'on laissera toujours dépasser en surface, pour mieux pouvoir les pêcher, de structures bricolées à partir de casiers à bouteilles en plastique, de vieux pneus, qui constitueront sur des fonds nus des postes de chasse et d'affût.

Un atout supplémentaire : les écrevisses

Autrefois très communes, appréciées des pêcheurs qui pour elles se faisaient souvent braconniers, prisées des gastronomes, l'écrevisse ou plutôt les écrevisses françaises sont aujourd'hui des espèces disparues qui ne subsistent à l'état de relique qu'en de rares endroits de notre territoire. Seuls quelques ruisseaux isolés du Massif central, des Alpes ou des Pyrénées contiennent encore quelques populations autochtones de «pattes blanches». À leur place et un peu partout dans les régions de plaine, nous trouvons l'écrevisse dite américaine (*Orconectes limosus*) introduite au début du siècle et qui a, peu à peu, envahi tous nos bassins fluviaux. Résistant bien à la pollution, supportant les eaux chaudes mais surtout insensibles comme la plupart des espèces nord-américaines à la « peste des écrevisses », l'orconectes a très mauvaise réputation chez nous. Sans doute parce qu'elle s'accommode des milieux les plus adverses, vaseux et pollués comme la Seine dans la traversée de Paris (ne raconte-t-on pas que les égouts en grouillent), les gourmets n'en ont jamais fait grand cas. Pourtant, pêchées dans le canal Saint-Martin à Paris, par exemple, où elles abondent et relâchées en ballastières, elles s'adapteront très bien à leur nouvel environnement et on ne trouvera, dès lors, plus rien à dire de leur goût qui vaut largement l'écrevisse turque que servent la plupart des restaurants aujourd'hui faute de « pattes rouges ».

L'inconvénient majeur de l'orconectes demeure sa petite taille. Les adultes, même après de nombreuses années en milieu riche en nourriture, dépassent rarement les 8 ou 9 cm hors pinces, et la partie comestible de la queue n'offre qu'une bouchée de chair très réduite. De plus, les pinces de cette espèce sont petites, grêles et chétives et ne valent pas la peine d'être mises sous la dent. Mais il existe en Amérique du Nord bien d'autres espèces de ces délicieux crustacés qui méritent qu'on s'y intéresse. Leur grand avantage est d'être résistantes à cette terrible affection parasitaire, due à un champignon et connue sous le nom de « peste des écrevisses » qui a ravagé les populations européennes. Car, bien plus que la pollution ou les pesticides, c'est ce champignon, apparu à la fin du XIXe siècle et certainement introduit dans les eaux européennes avec les orconectes, qui a éliminé les pattes rouges, les pattes blanches et qui s'attaque aujourd'hui aux écrevisses turques (*Astacus leptodactylus*).

« La patte rouge californienne » : le meilleur choix

Presque tous les astacologues (spécialistes de l'écrevisse) sont d'accord aujourd'hui pour vanter les mérites de la « patte rouge californienne » comme espèce de remplacement et de repeuplement. *Pacifastacus leniusculus* est à tous points de vue (morphologique, zoologique, écologique et même gastronomique) l'espèce la plus voisine de la patte rouge européenne chère aux gourmets. Outre le fait de résister à la maladie, elle présente un énorme avantage sur cette dernière puisque sa croissance en milieu identique est au moins deux fois plus rapide. Les mâles, dans nos eaux, peuvent atteindre et même dépasser 10 cm dès la fin de leur deuxième année et au bout de cinq à six ans les individus pesant entre 150 et 200 g ne sont pas rares. Ce sont alors de véritables petits homards, auxquels d'ailleurs cette espèce ressemble fort avec ces grosses et larges pinces. Contrairement aux espèces européennes en été, la « californienne » consomme énormément de végé-

Pacifastacus leninsculus. *Les mâles ont des pinces plus développées, les femelles un abdomen plus large.*

taux et participe ainsi au faucardage des plans d'eau. Cela explique certainement également sa très forte croissance. Les repeuplements en *Pacifastacus* se font à partir de sujets de taille suffisante pour résister à l'agression des prédateurs : 8 à 12 cm sans les pinces. Cela semble être la taille idéale qui correspond à une écrevisse encore jeune, un an et demi à deux ans, qui s'adaptera bien à son nouveau milieu.

Les repeuplements en juvéniles ne sont à conseiller que dans les milieux exempts de perches, d'anguilles, de blacks, de sandres ou de brochets. La meilleure époque pour repeupler s'étend de la mi-avril à octobre. En juillet-août, il faut simplement veiller à ce que les transports (boîtes isothermes avec packs réfrigérants) se fassent à l'abri de la chaleur. Les écrevisses qui voyagent « à sec » dans de la mousse ou de la frisure de bois humidifiée ne doivent jamais être directement plongées dans l'eau. On les déversera sur des berges en pente douce le matin de bonne heure ou le soir tard en périodes de chaleur, et c'est d'elles-mêmes qu'elles gagneront le milieu aquatique.

À l'heure actuelle, l'écrevisse la plus utilisée pour les repeuplements d'étangs semble être la «turque» (*Astacus leptodactylus*) ou écrevisse à pinces grêles. Depuis un quart de siècle elle a été introduite dans de nombreux étangs du Sud-Ouest notamment. Sa croissance est bonne mais malheureusement, après quatre ou cinq ans, les épidémies de peste réduisent ses populations à néant. Une autre espèce nord-américaine, l'écrevisse rouge de Louisiane (*Procambarus Clakii*) a également été introduite dans notre pays. Sa croissance est la plus rapide de toutes, surtout en eaux chaudes, mais cette espèce susceptible d'occasionner des déséquilibres biologiques est aujourd'hui strictement interdite d'introduction.

Les ballastières tout particulièrement constituent des biotopes idéaux pour les écrevisses, leur fond et leurs berges cailouteuses étant particulièrement propices pour ces crustacés. Dans les plans d'eau à fond de terre ou de sable, il est possible d'aménager des abris avec des débris de construction : morceaux de briques alvéolaires, tuiles, morceaux de drains en terre cuite, etc. Les juvéniles y trouveront protection face aux attaques des prédateurs, notamment des perchettes. Les anguilles sont certainement le plus redoutable ennemi de l'écrevisse ; se faufilant partout, elles vont chercher les crustacés jusque dans leur trou. Le brochet ne les dédaigne pas non plus et le black en raffole. Pour ce poisson, il est tout à fait conseillé d'introduire dans un étang à black-bass des orconectes, espèces de peu de valeur pour la consommation humaine mais qui supportent très bien les eaux chaudes et envasées où se plaît ce poisson.

Une ballastière à truites

La très grande majorité des carrières en eau peuvent tout à fait être transformées ou plus exactement aménagées en biotopes à truites. La faible mise en valeur salmonicole de ces carrières repose le plus souvent sur une regrettable idée reçue : la truite et les salmonidés en général seraient des poissons d'eau vive, courante et froide. Rien n'est plus faux et si les truites et pratiquement elles seules peuvent effectivement vivre dans les eaux pauvres, torrentueuses et glacées de haute montagne, milieux, remarquons-le ici, où justement elles n'ont qu'une croissance très ralentie, ces mêmes truites sont tout à fait capables de s'adapter aux eaux stagnantes et réchauffées en été de la plupart des ballastières. C'est d'ailleurs dans ces milieux, pourvu que la nourriture y soit naturellement disponible ou apportée sous forme de granulés, qu'elles obtiendront la plus forte croissance (près d'un kilo par an à partir de la troisième année). Le facteur limitant est plutôt la température qui conditionne en grande partie le taux d'oxygène dissous dans le plan d'eau (voir p. 42). Si les étangs traditionnels, vidangeables, dont la profondeur à la bonde n'excède pas généralement deux mètres, ne conviennent pas au maintien des truites, c'est surtout à cause d'un envahissement par les herbiers à la belle saison dû à l'élévation de température. Ils consomment durant la nuit l'oxygène qui, au petit matin, peut alors cruellement faire défaut aux truites (voir p. 98).

Ce type de problème ne se pose pas dans les ballastières, presque toujours d'une profondeur supérieure à trois ou quatre mètres et de ce fait moins sujettes à l'envahissement par les plantes aquatiques. De plus sous nos latitudes, une profondeur supérieure à trois mètres cinquante dans un plan d'eau de plus d'un hectare entraîne un phénomène de stratification thermique, en été comme en hiver, avec création d'une thermocline. Dans la couche de surface, épaisse généralement de

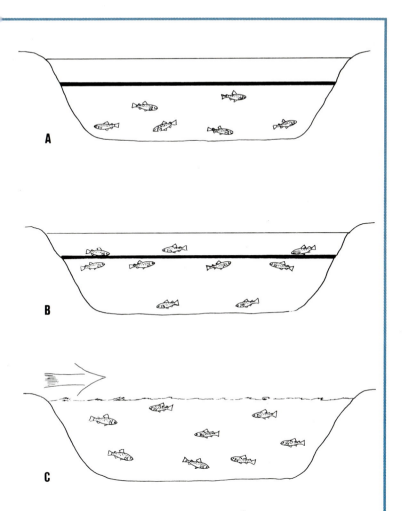

Position des poissons suivant les saisons : *A. Été sous la thermocline et au fond ; B. Hiver aux alentours de la thermocline et parfois au fond ; C. Printemps et automne partout.*

1,80 m à 2,20 m, la température atteint couramment fin juin-juillet 24 ou 25°C, et ce, sur toute sa hauteur. Sous la thermocline ou zone de transition thermique (encore appelée saut thermique), la couche du fond, elle, ne dépasse pas habituellement les 16 à 17°C. Et c'est évidemment dans cette zone profonde et stable du point de vue température, que les truites vont passer le plus clair de leur temps en été.

Entretien et gestion

Un bon réservoir doit présenter des berges dégagées pour le lancer de la mouche.

Dans la plupart des ballastières ou sablières alimentées par la nappe phréatique, cette zone correspond au gradient de température idéal pour la croissance des truites. En hiver, c'est le phénomène inverse qui se produit, la couche de surface, toujours voisine de deux mètres d'épaisseur, étant comprise entre 2 et 4°C. Le plan d'eau peut être entièrement pris par les glaces, alors que brutalement, sous la thermocline, en l'espace de quelques centimètres et ce jusqu'au voisinage du fond du plan d'eau, la température reste comprise entre 6 et 10°C. Ce phénomène de stratification thermique est très facile à mettre en évidence, avec un thermomètre sonde ou, à défaut, avec un thermomètre ordinaire lesté d'une plombée de 30 à 50g que l'on immergera depuis une embarcation dans les différentes zones à prospecter et dont on lira les indications rapidement. Un autre grand avantage des ballastières d'un point de vue salmonicole consiste dans la qualité de leur eau généralement très bonne, voire excellente. À part dans les régions de culture très intensive comme il en existe en Bretagne, où les nappes phréatiques sont chargées en nitrates, les eaux alimentant la plupart des ballastières qui ne communiquent pas avec les fleuves ou les rivières, sont d'une grande constance thermique, nous l'avons vu, mais également physico-chimique. Contrairement aux étangs, alimentés presque toujours par les eaux de ruissellement (et, de ce fait, chargées d'engrais et de pesticides) et aux rivières et fleuves toujours plus ou moins pollués, en tout cas fortement eutrophisés, les ballastières offrent, pour l'élevage des salmonidés, des volumes d'eau remarquablement propres, stables et bien abrités d'éventuelles pollutions.

Milieu par définition fermé, le « réservoir » présente, en outre, l'intérêt, pour le gestionnaire aquacole, de permettre un contrôle assez facile du peuplement piscicole. L'idéal est de pouvoir travailler sur un plan d'eau vierge de tout poisson, cas hélas assez peu rencontré dans la pratique. La plupart du temps, surtout si la gravière existe depuis plusieurs années, l'aménageur se trouve confronté à un peuplement très varié, à base cyprinicole prépondérante, avec quelques carnassiers représentés par les inévitables et nuisibles perches, parfois des sandres, voire quelques brochets. Les sandres, qui ne s'attaqueront pas aux truites, peuvent être conservés, et même introduits pour limiter un peuplement de gardons par trop envahissant. Les brochets qui auraient tôt fait d'éliminer les truites, surtout les « arcs » qui ne possèdent pas de méfiance génétique vis-à-vis de ce poisson, seront à éliminer jusqu'au dernier. Un représentant du genre brochet de 20 livres (poids atteint en six ou sept ans dans une bonne ballastière) vous mangerait autrement environ 100 à 150 kg de truites par an.

L'élimination des brochets dans les petits et moyens plans d'eau, peut s'effectuer assez facilement et à peu de frais avec une batterie de trimmers et en invitant tous vos amis et voisins à pêcher au vif. Il est beaucoup plus difficile de se débarrasser des perches qui ne risquent pas de s'attaquer aux truites adultes mais leur feront une féroce concurrence au sujet de la nourriture disponible naturellement dans le plan d'eau (voir p. 28). Par ailleurs, une des plus grandes nuisances dans un plan d'eau destiné aux truites est la présence des brèmes et, à un degré moindre, des carpes et des tanches. Si ces deux dernières espèces passent le plus clair de leur temps à fouiller la vase et troublent ainsi l'eau avec tous les inconvénients que cela comporte, les brèmes participent à la même nuisance. Elles sont aussi les principales consommatrices de tubifex, annélides (vers) qui constituent la principale richesse en nourriture du fond des ballastières, et dont les truites profiteraient autrement. Seuls des filets de type tramail, ou des coups de sennes, permettront de limiter sinon d'éliminer complètement les populations de ces cyprinidés.

Contrairement à ce que pensent la plupart des pêcheurs, même les gardons ne sont pas à conseiller comme poisson-fourrage d'accompagnement. Les « arcs » ne les consomment pas et les grosses farios ne les attaqueront qu'en cas de disette prolongée, tant, semble-t-il, les écailles dures de ces poissons les rebutent. Comme chez les pisciculteurs le gardon vaut plus cher que la truite pour le rempoissonnement d'étangs, autant en profiter pour les pêcher tous les deux ans et les vendre. Le poisson-fourrage d'accompagnement idéal est le vairon canadien encore appelé vairon royal (*Pimephales promelas*) ou éventuellement le goujon. Comme autres espèces d'accompagnement, les carpes herbivores : amour blanc (faucardeur des plantes aquatiques) et amour argenté (filtreur et consommateur de phytoplancton) s'imposeront le plus souvent, surtout si vous désirez pêcher ou faire pêcher vos truites à la mouche ou au lancer. En général, 100 à 150 kg à l'hectare de chacune de ces deux espèces suffisent pour maintenir la végétation aquatique dans des limites permettant tout à la fois les pêches sportives et un bon équilibre tant des caches que des garde-manger.

Dans les ballastières ayant tendance à l'eutrophisation, seule l'introduction de ces deux espèces empêchera au cours des mois d'été l'abaissement nocturne de l'oxygène dissous par les plantes et les algues. Cette dramatique éventualité demeure le seul véritable danger qui guette les truites dans une sablière. Il sera du plus grand intérêt également de prévoir l'acclimatation d'écrevisses, et tout particulièrement de l'espèce dite « patte rouge californienne » qui dans ces biotopes réussit de façon phénoménale en comparaison de nos espèces indigènes, qui, de toute manière, n'existent plus guère dans notre pays. Les gestionnaires de réservoirs britanniques associent, depuis déjà de nombreuses années, cette écrevisse, parfaitement complémentaire des salmonidés et qui leur rapporte des revenus substantiels soit par la vente directe aux restaurateurs (pêche aux nasses), soit par la pêche aux balances, pratiquée par les enfants ou les femmes des pêcheurs moyennant le paiement d'une carte spéciale. Dans les ballastières anglaises, l'écrevisse de Californie atteint, voire dépasse, 80 g dans sa quatrième année (une écrevisse de 9 cm, taille légale de capture dans les eaux libres, ne pèse en moyenne qu'une vingtaine de grammes).

La pêche

Généralités sur la pêche dans les petits plans d'eau

Bien plus que sur un grand étang, le pêcheur devra ici faire preuve de discrétion. Les poissons s'éduquent très rapidement. Dans une grande pièce d'eau très fréquentée, ils prennent l'habitude d'un certain va-et-vient sur les berges, d'une agitation, des bruits divers et variés (martèlement du sol par les bottes, claquement des portières de voitures, chute d'objets sur le bord, etc.) qui au fil des saisons vont finir par faire partie de leur environnement habituel. Dans un petit étang privé et par définition peu fréquenté, c'est exactement le contraire qui se produit. Les poissons blancs mais également les carnassiers, tranquilles tout au long de la semaine dans leur monde du silence, ne vont pas apprécier, le samedi ou le dimanche, que l'on vienne troubler leur quiétude ni leur mode de vie. Le plus souvent, ils s'éloigneront simplement de cette source de bruits à laquelle ils ne sont pas habitués et dont forcément ils vont se méfier.

N'arrivez pas en voiture jusqu'au bord de l'eau, ne déposez pas bruyamment vos affaires et votre attirail de pêche sur le sol, marchez précautionneusement. L'aménagement à l'avance d'un ou plusieurs « coups » favoriseront cette discrétion d'approche. Si vous pêchez depuis une barque, surtout s'il s'agit d'un de ces modèles en plastique qui font caisse de résonance, soyez encore plus attentionné, sinon toute la gent aquatique comprendra vite qu'il se passe quelque chose d'anormal sur l'étang ce jour-là.

L'avantage d'un petit plan d'eau est, en revanche, de pouvoir en connaître assez rapidement toutes les particularités et au bout de quelques années pour ainsi dire le mode d'emploi. À condition de faire preuve d'un peu de sens de l'observation vous découvrirez vite quelle est la meilleure rive par vent du nord, pourquoi en été les rotengles et

La pêche

les gardons se concentrent dans tel endroit plutôt que tel autre, et vous apprendrez qu'en étang, comme en rivière, les poissons carnassiers choisissent des postes de chasse constants en fonction des saisons.

Aménagement et entretien d'un coup à poissons blancs (problème de l'amorçage)

Il conviendra toujours de préparer plusieurs coups, en fonction des espèces de poissons recherchés mais aussi en fonction de l'ensoleillement et de la direction du vent. Et puis passer d'un coup à l'autre rompt un peu la monotonie d'une pêche par définition sédentaire. La plupart des pêcheurs qui désirent s'aménager un coup pensent tout d'abord à eux et choisissent un endroit bien dégagé sur une berge plane leur permettant de s'installer confortablement, si possible à faible distance de l'endroit où ils pourront laisser leur véhicule... En fait, il faut d'abord penser à ce qui se passe sous l'eau. C'est la connaissance de la topographie des fonds qui devra vous guider et déterminera les emplacements à aménager, éventuellement après un peu de terrassement et de nettoyage sur la berge. L'idéal pour le gardon, le rotengle et les autres petits poissons de friture est une berge assez pentue où le fond descend vite pour se stabiliser entre 2 et 4 m. C'est à la sonde ou mieux à l'échosondeur (voir p. 36) depuis une barque que vous repérerez les zones propices. Si un peu au large un bel herbier borde le coup, assurant oxygénation, garde-manger et abri, ce n'en est que mieux. Enfin si, côté pêcheur cette fois, à faible distance de la berge, un rideau de joncs ou de roseaux sur une étroite marche fait écran entre vous et le poisson, vous aurez trouvé l'endroit idéal. Le nettoyage et l'aplanissement éventuel de la berge en regard peuvent alors être entrepris.

Si les fonds de l'étang le permettent, prévoyez pour les fortes chaleurs de l'été, comme pour les froidures de l'hiver, l'aménagement d'un coup en eaux profondes (3,5 ou 4 m) où les poissons resteront actifs et mordeurs, dans la couche d'eau plus tempérée du fond, pourvu que vous les y attiriez par un amorçage judicieux. Une fois le coup choisi et aménagé, il reste à y attirer et à y maintenir le poisson. C'est le rôle de l'amorçage qui, dans un petit plan d'eau, peut être la meilleure comme la pire des choses. Trop de pêcheurs au coup croient encore que le poids de leur bourriche en fin de partie de pêche sera proportionnel aux kilos d'amorce qu'ils auront généreusement distribués. Dans une grande rivière courante, du type Loire ou Saône, un spécialiste de la grosse carpe peut et doit immerger quelquefois plusieurs dizaines de kilos d'amorce (pommes de terre, châtaignes, maïs...) pour attirer de nombreux et gros poissons sur un poste. Dans un petit étang, en milieu

Dans les petits plans d'eau, la pêche est souvent une affaire de famille. Ce vilain silure ne semble pas effrayer cette petite fille.

La pêche

clos et en l'absence de courant, jeter à l'eau plus de nourriture que les poissons ne pourront en consommer, revient dans un premier temps à les gaver et, bien plus grave, à laisser ensuite fermenter puis putréfier sur le fond l'amorce non consommée. Ces phénomènes de fermentation se produiront d'autant plus rapidement que l'eau sera plus chaude. Ils consomment énormément d'oxygène et éloignent ensuite pendant plusieurs semaines les poissons de l'endroit où justement le pêcheur cherchait à les attirer.

Une bonne amorce en eau dormante ne devrait comporter que des éléments sapides (farineux ou oléagineux finement moulus) diffusant rapidement pour attirer les poissons sans les nourrir. L'effet de rémanence sur le coup et le lestage de l'amorce seront obtenus non par les quantités distribuées mais par le mélange avec de la bonne terre de taupinière. C'est ensuite à l'amorçage de rappel qui le plus souvent devrait être incessamment pratiqué en action de pêche, à doses pratiquement homéopathiques, que reviendra le rôle de maintenir les poissons sur le coup et surtout d'entretenir entre eux un esprit de compétition. Les différentes formules d'amorçage seront abordées avec la pêche spécifique des différentes espèces.

Gardons, rotengles, goujons et autres vifs

Je ne pense pas qu'aujourd'hui on crée, ni n'aménage un plan d'eau dans le but principal d'y pêcher au coup les espèces dites de friture. Si le gardon et les autres petits cyprinidés d'accompagnement furent les poissons rois de la pêche au coup en France jusqu'à la fin des années cinquante, c'est qu'eux seuls permettaient de remplir une bourriche avec un matériel peu onéreux et simple d'emploi. Les pêcheurs du dimanche, on ne parlait pas encore de week-end, joignaient ainsi l'utile à l'agréable. Aujourd'hui, trente ans plus tard, et exception faite des pêcheurs de concours, les jeunes et moins jeunes pêcheurs recherchent des espèces plus sportives, des carnassiers le plus souvent, dont la rareté dans les eaux publiques les oblige à envisager l'achat ou l'aménagement d'un plan d'eau privé. Pour revenir à notre gardon et autres petits poissons blancs, que pratiquement plus personne ne pêche intensément dans nos fleuves et grandes rivières où ils abondent, leur seul et presque incontournable intérêt réside dans leur utilisation comme vif ou poisson mort.

Si le coup a été bien choisi, le gardon et les petits rotengles répondent très rapidement à l'amorçage et, avec ces deux espèces, on ne perdra guère de temps pour faire une vingtaine de vifs. En fait, l'idéal serait de consacrer à cette pêche des vifs une demi-journée par exemple, le jour où ça donne, pour en faire ample provision à condition de pouvoir les conserver sur place au long cours (voir p. 39). Même s'il ne faut qu'une petite demi-heure pour faire extemporanément suffisamment de vifs de la bonne taille, le temps de préparer l'amorce, le matériel et ensuite de le ranger, votre temps de pêche que vous pensiez avant tout consacrer aux carnassiers sera largement entamé.

Pour le gardon et le petit rotengle, l'usage d'une grande canne, même sur un petit étang, est quelquefois nécessaire, si les fonds sont en pente douce et si on ne dispose pas d'une barque pour pouvoir opérer dans deux mètres d'eau. C'est la profondeur minimale où nos poissons se sentent en sécurité. Dans la plupart des étangs classiques de petite superficie, les seuls coins accessibles avec une canne courte ou de longueur moyenne sont situés au voisinage de la bonde. Même si les poissons y sont très peu pêchés, montrez-vous fin : 8 ou 10 centimètres maximum en bas de ligne. Le nombre de touches que vous enregistrerez par rapport à l'utilisation, ne serait-ce que d'un 12 centièmes, vaudra bien le risque de casse sur un beau carpeau qui, de toute façon, vous aurait demandé plus de temps à noyer qu'il ne vous en faudra pour remplacer l'empile. Les amorces du commerce sont pour la plupart destinées en premier lieu au gardon et conviennent donc parfaitement. Comme esche, si le spécialiste de compétition peut trouver plaisir, intérêt ou difficulté à pêcher à la graine (chènevis, blé, orge perlé) ou au vaseux, pour faire du vif en toute efficacité et simplicité, rien ne vaudra l'asticot. Facile à se procurer et à employer, très bon marché comparé aux vaseux ou même au « fouillis », il est recommandé de l'incorporer à l'amorce en bonne proportion, surtout au moment des « rappels ». Un grand avantage de l'esche, outre son efficacité pour tous les poissons, se trouve dans sa bonne taille qui permet l'utilisation d'un fort hameçon (n° 16 voir même n° 14), facilitant les décrochages. Un ardillon écrasé facilite encore la manipulation des vifs et leur assurera un taux de survie maximal.

Commencez donc par régler le flotteur pour pêcher juste quelques centimètres au-dessus du fond. Si les gardons évoluent plus haut, on s'en rendra compte lors de la descente de l'esche, car le flotteur n'aura pas le temps de se stabiliser en position verticale normale. Un bon truc pour faire des vifs en eau profonde consiste à monter sur une très courte potence un deuxième hameçon, trente à cinquante centimètres au-dessus du premier. En été, et si le plan d'eau est surtout peuplé de petits rotengles (le meilleur des vifs), ceux-ci se tiendront bien souvent dans les premiers cinquante centimètres et c'est dans cette couche de surface que votre amorce allégée devra les maintenir.

Les goujons sont certainement un des meilleurs poissons morts qui soit, surtout au manié, et si vous avez la chance d'en avoir dans votre pièce d'eau, une ligne un peu plus rustique fera l'affaire, surtout si vous arrivez à troubler l'eau sur le coup. Une vieille tête de râteau emmanchée sur une longue perche et actionnée depuis la berge à intervalles réguliers attirera infailliblement les petits moustachus sur un fond vaso-sablonneux. Ici un gros vaseux ou un petit ver de fumier bien remuant seront préférables à l'asticot.

Carpes, tanches, brèmes

Bien que nous ne conseillons point ces espèces pour empoissonner un petit plan d'eau (voir p. 58), elles sont «naturellement» présentes dans un grand nombre d'étangs ou de ballastières, de toutes nos régions. Aussi ne saurions-nous passer leur pêche sous silence.

Les carpes, les vraies, c'est-à-dire des poissons pesant au moins quatre ou cinq livres, doivent faire l'objet d'une pêche spécifique, au posé le plus souvent, après amorçage abondant et répété destiné à amener des gros, vieux et rusés individus sur le coup. Or nous avons vu le risque d'eutrophisation et de pourriture de l'eau que cette technique peut faire courir à un petit étang. Par ailleurs, dans les limites d'une petite pièce d'eau, les beaux spécimens n'auront pas l'espace pour filer à toutes nageoires et faire chanter le moulinet. Les carpeaux, en revanche, pour qui veut se faire le poignet sur une canne au coup classique ou même à «l'anglaise», peuvent être amusants à rassembler sur un coup. Pour les y attirer, une amorce de fond, à grosse granulométrie et à base de féculents ou de maïs est de rigueur. La pâte-amorce «Drachko» du commerce est idéale mais, à défaut, un mélange en parties égales de terre de taupinière, de pomme de terre et de maïs fera l'affaire. Des fèves, des châtaignes ou des petits pois pouvant remplacer pomme de terre ou maïs. Sur l'hameçon, un cube de patate, un grain de maïs doux (réservé à l'eschage), ou une belle becquée d'asticots feront l'affaire.

Les brèmes et surtout les grosses, souvent appelées «carpées» un peu partout en France, se pêchent de la même façon. Les petites brèmes de un ou deux étés répondent mieux quant à elles aux techniques employées pour le gardon ou le rotengle à ras du fond.

La tanche mérite une mention particulière, car en dehors des désagréments qu'elle peut causer, en raison de son action fouisseuse, à l'équilibre aquacole d'un plan d'eau, elle est certainement le gros cyprin le plus intéressant à rechercher dans un petit étang. Contrairement aux grosses carpes qui restent assez éloignées des bordures et qui aiment, pour raison de sécurité certainement, avoir quelques mètres d'eau au-dessus de leur dorsale, les plus belles tanches, si vous ne les éloignez pas par une activité bruyante et frénétique sur la berge, n'hésitent pas à s'aventurer dans très peu d'eau au milieu des herbiers de bordure, jusqu'à toucher terre. Elles seront facilement accessibles pour un pêcheur au coup classique et mieux encore «à l'anglaise», au swing-tip. L'esche, une becquée d'asticots ou un beau lombric, encore que la plupart des

En ballastières, truites et amours argentés sont complémentaires.

esches à carpes conviennent, devra reposer sur le fond, dans une trouée ou un passage entre les herbiers que les tanches n'aiment guère quitter durant la journée. L'amorçage pourra ici se résumer à des boulettes de terre, farcies d'asticots ou de tronçons de gros vers de terre. En eau trouble, l'arrivée des tanches sur le coup sera signalée par les chapelets de petites bulles de gaz, que leurs mouvements de fouissage dégagent de la vase.

Amours blancs et amours argentés

Nous avons vu l'importance écologique (voir p. 65) que peut avoir l'introduction de ces deux espèces de poissons herbivores dans une pièce d'eau. En dehors de l'aspect d'entretien de l'équilibre aquacole, il n'en reste pas moins qu'ils peuvent être amusants à pêcher et à remettre à l'eau, tant que le plan d'eau le nécessite. Il arrive en effet un moment où, du moins avec l'amour blanc, la taille des poissons augmentant, leur biomasse peut devenir trop importante, même pour un nombre restreint de sujets dans un petit étang. La pêche soit aux engins, soit à la ligne, permet alors de maintenir leur effectif dans une limite optimale avec la présence des herbiers. À la belle saison, l'amour blanc consomme en effet jusqu'à 150% de son poids en herbes aquatiques et végétaux amphibies par jour et, au bout de quelques années, il devient nécessaire d'ajuster le nombre des poissons faucardeurs avec la quantité des herbiers.

L'amour blanc est, rappelons-le, un fantastique poisson de sport qui grossit deux à trois fois plus vite que la carpe à milieu égal. Plus longiligne que cette dernière, sa vitesse de nage est la plus rapide de tous les cyprinidés et les sauts qu'il effectue au-dessus de la surface, une fois ferré, en font un redoutable adversaire. La résistance (on doit ici parler d'endurance), dont il fait preuve au bout d'une ligne, est supérieure à celle de tous les autres poissons d'eau douce. Enfin, comme il est extrêmement méfiant, le pêcheur devra mettre en œuvre des trésors d'ingéniosité pour le tromper (montages chers aux carpistes dits de fuite ou au cheveu tout particulièrement). Heureusement, en été, son besoin important de nourriture (comme tous les animaux herbivores) lui fait accepter la plupart des esches d'origine végétale et pas seulement les herbes aquatiques. Le maïs, la pomme de terre, les fèves, les petits pois, mais aussi les cœurs de palmier ou de laitue, sont autant de friandises pour lui. En Italie ou en Allemagne, le pain est un des appâts favoris pour cette espèce. Il permet de pêcher à vue les amours qui croisent en surface (ce qui est également vrai pour la carpe). Un cube d'un centimètre et demi de côté, découpé à la limite croûte-mie et enfilé à l'aiguille sur un petit triple, supporte très bien les lancers et, au moyen si nécessaire d'un buldo, peut être propulsé loin du bord, là ou généralement croise le banc d'amours. À l'automne et au printemps, l'amour blanc mord également sur de petits leurres, cuillers tournantes ou leurres souples.

Quant à l'amour argenté, phytoplanctonophage, il semblerait que le meilleur appât soit encore... l'asticot. Dans les plans d'eau très pêchés et abondamment amorcés pour les cyprinidés en général, il a été remarqué que l'introduction des amours blancs ne donnait pas les résultats escomptés du point de vue du faucardage. Comme la période de pêche et d'amorçage la plus active correspond au printemps et à l'été, saison de croissance des herbiers, les amours délaissent les plantes aquatiques pour se repaître des quintaux d'amorce généreusement délivrés par les pêcheurs et non consommés par les autres poissons.

Les carnassiers

Devant la médiocrité de la pêche de ces espèces dans les eaux publiques de notre pays (exception faite peut-être du sandre et de l'anguille) c'est tout naturellement à ces poissons que pensent les particuliers qui réalisent leur rêve d'avoir un étang privé. Dans l'imaginaire des pêcheurs sportifs, les carnassiers ont de tout temps tenu une place à part. Non qu'ils soient forcément plus gros (exception faite des silures récemment apparus, les plus gros poissons pris à la ligne chez nous étaient des carpes), ou même qu'ils se défendent plus vaillamment au bout d'une ligne (pas un brochet de ce point de vue qui puisse rivaliser ici encore avec une carpe ou un barbillon), mais leur statut de prédateur aquatique leur confère aux yeux de leur vainqueur une aura semblable à celle d'un lion ou d'un tigre pour un chasseur de grands animaux. De plus, comme tous les prédateurs, les carnassiers aquatiques sont plus rares que leurs proies, et dans nos eaux leur croissance est lente. Enfin, leur chair jouit d'une renommée qu'aucun cyprin ne peut leur contester, ce qui a grandement aussi contribué à leur popularité dans notre pays.

Le brochet

Au vif: considérée comme peu sportive et trop statique par de nombreux pêcheurs, cette technique présente pourtant en étang un charme et un attrait indéfinissables. Elle présente en outre l'avantage de pêcher presque toute seule et de laisser tout loisir de s'intéresser à d'autres poissons et à d'autres modes de pêche. Installer un vif, sous un gros bouchon ou sur une plombée, et le surveiller de temps à autre en pêchant alentour ou même l'oublier le temps de faire au lancer le tour de l'étang, apporte une sensation de surprise et d'imprévu chaque fois que l'on vient relever la ligne. En outre, le vif et ses variantes (arrêts et trimmers) restent les techniques les plus efficaces sinon les plus sportives de prendre un gros brochet devenu trop encombrant.

En eau dormante, la meilleure façon d'accrocher un vif reste le lochage à l'aiguille sur le flanc ou mieux à l'épaule, au moyen soit d'un petit triple, soit d'un «bec de perroquet». N'utilisez pas de petits vifs. Rien n'est plus regrettable que d'essayer de décrocher un sifflet d'une livre et demi qui aura avalé jusqu'au fond du gosier un gardon de deux doigts. Et comme le principal intérêt de cette technique, dans un plan d'eau privé, réside dans la surprise, recherchez systématiquement la grosse bête. Un rotengle comme la main, une perche de 200 g (les brochets n'ont jamais été incommodés par leurs épines dorsales), une brème de deux étés sont des vifs convenables. Si vous suspectez la présence d'un très gros brochet dans les parages (cicatrices au flanc d'un brochet de plusieurs livres capturé auparavant), n'hésitez pas à voir encore plus gros. Au-delà de quinze livres, il semble que les grosses femelles se spécialisent de plus en plus dans la recherche de proies volumineuses, tout particulièrement choisies dans leur propre espèce. Ainsi et surtout en hiver, un brocheton de 40 ou 45 cm sera le meilleur vif pour éliminer un vrai grand bec. Pour rester dans une pêche de régulation, un mot ici sur les «arrêts ou les trimmers» qui permettent de pêcher, de jour comme de nuit, sur les bords comme au large. Pour qui désirerait éliminer radicalement les brochets adultes d'une pièce d'eau (réservoir à truites ou à black), il n'y a pas de meilleure façon. Ces engins (voir schémas) travaillent tout seuls, sont d'un coût modique ou faciles à bricoler et sont extrêmement efficaces. Les trimmers du

La pêche

Un beau doublé familial.

commerce pourront être remplacés par des bouteilles d'eau minérale en plastique, autour desquelles sera enroulée une quinzaine de mètres de cordonnet. Le bas de ligne, réglé à la profondeur voulue, sera juste coincé sous un élastique de bureau serré autour du goulot. À la touche, sous la violence de l'attaque, le fil se dégagera et la bouteille tournant sur elle-même libérera autant de fil que le brochet en demandera pour avaler sa proie. C'est simple et ça marche à tous les coups.

Au poisson mort: ici, contrairement à la pêche au vif, le matériel et la technique utilisés nous obligeront à l'emploi de petits poissons comme appâts. Un gros goujon, une belle ablette, un gardon de deux doigts constituent des appâts de taille idéale pour être bien maniés. Et si les mêmes poissons utilisés comme vifs et nageant librement n'ont eu que peu de chance d'attirer et d'intéresser un beau brochet, sur une monture à poisson mort et virevoltant sur place, ils ne laisseront pas indifférent celui qui, par ailleurs, viendrait tout juste d'avaler une proie dix fois plus grosse. Outre sa capacité d'explorer rapidement un vaste territoire, le poisson mort manié exerce un pouvoir d'excitation très réel sur le brochet qui l'attaque souvent davantage par agressivité que par faim. Ce qui est également vrai pour les autres carnassiers. Comme monture et dans un souci de simplification, employez la « Drachko » qui est très facile à bricoler soi-même. Elle présente tous les avantages des autres modèles réunis, sans en avoir les inconvénients. En été, quand les brochets se tiennent dans les herbes, en supprimant carrément le plomb de tête, vous pourrez faire glisser ou flapper un gardon ou une petite brèmette dans les quelques centimètres d'eau libre qui recouvrent les herbiers.

Au poisson mort posé sur le fond : encore très peu connue en France, cette technique mise au point dans les îles Britanniques convient tout particulièrement bien dans les plans d'eau privé. En effet, le brochet comme tous les autres poissons répond très bien, surtout si on l'y habitue à l'amorçage. Si on leur en offre la possibilité, les très gros spécimens particulièrement économes de leur métabolisme, surtout en hiver, ne se nourriront plus que de cette façon. Il a été dit et écrit que les brochets français, contrairement à leurs homologues anglais, ne faisaient pas de cas dans nos eaux, des harengs, des maquereaux (entiers ou en morceaux) et autres poissons gras marins posés sur le fond. C'était aller un peu vite en besogne, car pour peu qu'on les y habitue, en distribuant cette provende toujours aux mêmes endroits, chaque fois que l'on se rend sur l'étang, les résultats ne se feront pas attendre. Comme chez la plupart des autres espèces, l'olfaction est de loin le sens le plus développé chez le brochet, et les effluves de poissons marins (sardines et sprats sont très bons) attirent ce poisson sur de grandes distances. Les poissons ou les morceaux de poissons sont lochés à l'aiguille sur un petit triple, l'avançon venant simplement buter sur une olive coulissante. À la touche, le fil coincé contre la canne est libre de se dérouler depuis le moulinet dont le pick-up est laissé ouvert.

Aux leurres métalliques : dans les plans d'eau peu pêchés, les cuillers tournantes ou ondulantes donnent quelquefois d'aussi bons résultats que le mort manié. Leur mauvaise réputation tient au fait que, dans les eaux libres et publiques, elles sont employées à tort et à travers par une multitude de pêcheurs qui éduquent les carnassiers plus qu'autre chose. Les modèles tournants, plombés en tête (type Lusox), qui « nagent » lors des relâchers sont pour le brochet supérieurs aux cuillers plombées sous la palette. Pour les ondulantes, n'hésitez pas à employer de grands modèles, à palette légère planant à la descente et qui permettent de pêcher en relâchers dans très peu d'eau.

Aux poissons nageurs : dans les ballastières profondes et libres d'obstacles immergés, les modèles plongeants (type Shad-rap) qui s'immergent d'autant plus profondément qu'on les ramène plus vite, donnent de bons résultats. Au contraire, dans les étangs peu profonds, les rapalas flottants permettront de pêcher entre les herbiers, voire juste au-dessus de ceux-ci, si on se contente de les animer sur place par de petits mouvements du scion, exactement comme on ferait avec un popper.

Aux poppers et autres leurres de surface : voilà une pêche pratiquement inconnue chez nous, et qui pourtant en été et au début de l'automne est une des plus productive et surtout des plus amusante qui soient pour le brochet, surtout dans les étangs peu profonds et envahis par les herbes. Exactement comme le black-bass, le brochet s'intéresse à de nombreuses proies de surface : grenouilles, canetons, petits rongeurs aquatiques… De plus, il semblerait que les imitations de surface, les fameux poppers (ainsi nommés parce que lors de la récupération, ils s'enfoncent de un ou deux centimètres seulement pour refaire surface aussitôt avec un bruit caractéristique, ressemblant assez à celui d'une bouteille qu'on débouche : pop, pop !), exercent une attraction particulière sur le brochet. Ils l'énervent ou du moins semblent le déranger dans sa sieste. En tout cas, en été, un popper qui effectue sa danse aussi bruyante qu'agitée, à proximité d'un herbier où un brochet est embusqué ou digère, reste rarement impuni. L'attaque est quelquefois d'une violence inouïe et toujours spectaculaire. Souvent lors de la première tentative, le leurre est soufflé mais il est bien rare que le brochet ne revienne pas à la charge. Ce leurre permet, de plus, de pêcher les queues d'étang, entièrement envahies par la végétation aquatique.

À la mouche : comme la pêche précédente, il n'y a guère que dans un plan d'eau privé, que l'on ait quelque chance sérieuse de prendre un brochet de cette façon. Mais le grand intérêt d'un étang particulier est justement de pouvoir pêcher près de chez soi comme on le voit faire dans les magazines sur les lacs du Wisconsin ou du Manitoba. Car chez nous également les brochets mordent très bien à la mouche. Encore faut-il qu'il y en ait en densité suffisante là où l'on pêche et qu'ils n'aient pas déjà vu passer une dizaine de leurres vrombissant ou zigzaguant depuis le début de la matinée. De même que le popper dont certains modèles peuvent être propulsés avec une canne à mouche, la mouche (il s'agit ici de mouches-leurres ou streamers qui imitent un petit poisson plutôt que d'un insecte) permet en été de pêcher des brochets inattaquables autrement. Avec une soie flottante il est possible de faire évoluer au ralenti un grand streamer dans juste assez d'eau au-dessus des herbiers, pour lui mouiller les « ailes ». Ici encore l'attaque se produit à vue, ce qui est un des grands attraits de cette pêche. En hiver et en eau profonde, il est possible de pêcher entre deux eaux en utilisant une soie plongeante à haute densité. Mais, outre que la cuiller ou le poisson mort sont alors plus efficaces, l'action de pêche elle-même n'offre pas l'intérêt de la vraie pêche à la mouche de surface.

Le sandre

Au vif : les poissons appâts devront ici être de petite taille et évoluer près du fond. Le flotteur, quand on en utilisera un, sera le plus réduit possible. Beaucoup plus chipoteur que le brochet, le sandre a tôt fait de recracher le vif, à la moindre sensation de résistance. Comme les poissonnets devront évoluer juste au-dessus du fond, la meilleure solution sera de pêcher à la plombée coulissante, le fil étant libre dès l'attaque de se dérouler depuis le moulinet. La touche sera visualisée par un indicateur, simple petit morceau de polystyrène pincé sur le fil tout contre l'anneau de tête de scion. Pas besoin ici de bas de ligne métallique, les dents du sandre ne coupant pas le nylon. En ballastières dont les fonds de sable ou de gravier sont généralement assez propres, on aura avantage à pêcher fin. Un 18 ou un 20 centièmes, dans ces conditions, permettant de venir à bout des plus gros sandres.

Au mort posé : le matériel est exactement le même que précédemment, le poisson mort, vif fraîchement tué, reposant simplement sur le fond. Les montages ici devront être les plus discrets possible : appât enfilé à l'aiguille et retenu par un seul petit triple, canne horizontale et déroulement du fil n'offrant aucune résistance. Dans les grandes ballastières à l'automne, cette technique est quelquefois bien supérieure avec les mêmes poissons appâts, au vif. Cela a conforté de nombreux pêcheurs dans l'idée que les sandres dans un premier temps attaquent un banc de petits poissons dans leur folie prédatrice, dont ils tuent ou étourdissent le plus grand nombre, pour venir ensuite prendre les cadavres sur le fond.

Au mort manié : technique royale de la pêche du sandre, elle a été tellement décrite un peu partout ces dernières années, que nous n'y reviendrons pas ici. À l'inverse du brochet pour lequel le poisson mort doit évoluer entre deux eaux en longues glissades, ici, c'est sur le fond ou juste au-dessus de ce fond que le pêcheur devra manier son appât en de très courtes et rapides saccades. La meilleure monture est bien évidemment la « Drachko » que son inventeur a mis au point spécialement pour le sandre, nouveau venu dans les eaux françaises, introduit seulement il y a maintenant un quart de siècle.

De nombreuses variantes de cette pêche existent : au ver manié, à la couenne de porc, à la tripe de poulet et bien sûr aux leurres souples maniés. Les leurres métalliques, ou les poissons nageurs, même de petite taille, n'ont jamais donné au sandre des résultats approchant ceux des leurres souples ou des appâts naturels. Certainement l'importance de l'animation, presque sur place et juste au-dessus du fond du leurre, est à l'origine de cette contre-performance des cuillers ou des rapalas. Les jigs, au contraire, leurres très primitifs utilisés surtout pour la pêche en mer et constitués d'une tête plombée et d'un hameçon simple habillé de poils ou de plumes, donnent eux de très bons résultats. C'est donc bien ici le mode d'animation du leurre qui est responsable de l'attaque.

La perche

Au coup : en hiver, surtout dans les ballastières, un gros ver de terreau ou un petit lombric sont les meilleurs appâts pour prendre une belle perche. Comme la curiosité de ce poisson n'est plus à démontrer, les pêcheurs se sont vite rendu compte qu'une bille nickelée, montée

La pêche

Le vif, une technique classique mais toujours valable en eau dormante.

une trentaine de centimètres au-dessus du ver et dandinée de temps à autre, augmentait grandement le rendement de cette technique.

À la dandinette : variante de ce qui précède, un poisson d'étain ou une petite ondulante travaillée sur place en va-et-vient verticaux, au bout d'une longue canne assez raide en insistant partout où il y a du bois dans l'eau, permettent de prendre les belles perches qui grossissent dans un plan d'eau de petite taille.

La pêche

Le rapala, un leurre redoutable pour les grosses perches.

Au lancer: tous les petits leurres, surtout s'ils sont de couleur vive ou brillante, conviennent pour la perche. Trop souvent hélas, ces poissons fantasques se contentent de suivre la cuiller, en bande, jusqu'au pied du pêcheur, en donnant simplement, de temps à autre, un coup de nez dans le leurre. Quand on peut s'en procurer, sur une petite monture, voire simplement accroché sur le triple de la cuiller, un alevin est au contraire franchement attaqué.

Le black-bass

Aux appâts naturels: que ce soit au coup ou au lancer, un gros ver bien remuant promené le long des herbiers de nénuphars, voire descendu sous une grande canne dans les trouées au milieu des larges feuilles, reste un des meilleurs attrape-black qui soit. Ne pas hésiter ici à pêcher costaud, car il faudra ensuite sortir d'autorité le poisson qui mordra au milieu des tiges résistantes et entrelacées, et qui ne voudra pas quitter son repaire. Dans ces conditions, un 26 ou un 28 centièmes sont un minimum.

Au vif: petit rotengle, gros vairon ou goujon, accroché par le nez, on prospectera les mêmes endroits. Il ne s'agit pas, comme au brochet, d'attendre au même endroit que la faim ou l'agacement réveille le prédateur et le décide à attaquer, mais au contraire de visiter le plus grand nombre possible de postes. Si un black occupe l'endroit et s'il est d'humeur, l'attaque sera immédiate. La pêche à la grenouille, certainement un des meilleurs appâts pour les gros black, n'est plus permise partout en France. Se renseigner sur les éventuelles périodes de protection de ce batracien en fonction des saisons et des départements. En été, la pêche à la surprise, avec des insectes (sauterelles, grillons, hannetons) et en faisant «sautiquer» les bestioles à la surface de l'eau dans les trouées entre les feuilles de nénuphars, permet, quand rien ne donne, de sauver la bredouille surtout par grandes chaleurs.

Aux leurres artificiels: un coup d'œil sur un catalogue américain où sont présentés des centaines de leurres plus variés les uns que les autres, tous destinés au black-bass (il est de loin le «gamefish» ou poisson de sport numéro 1 aux USA), suffit pour se persuader que le black est capable de sauter sur n'importe quel leurre, y compris le plus farfelu. Cette bonne volonté à attaquer tout ce qui nage, bouge, s'agite sur ou sous l'eau, et le fait que sa pêche se pratique surtout en été, sont certainement les facteurs qui ont le plus contribué à sa popularité. Mais ne croyez pas pour autant que ce soit un poisson stupide, même si certains jours de folie, des pêcheurs à court de leurres en ont fait mordre sur une fleur de bouton d'or ramenée à la surface de l'eau. Bien souvent, il suivra poliment, mais la gueule close, tout ce que vous aurez comme leurres, petits et gros, dans votre boîte, jusqu'à ce que vous lui présentiez le bon, celui dont il avait envie ce jour-là.

On ne s'ennuie pas avec un tel poisson. D'un naturel curieux, il répondra à toutes vos sollicitations et vous ne devrez jamais être à court d'imagination pour le faire mordre. Une fois ferré, c'est un magnifique lutteur qui en eau chaude donne toute la mesure de son acrobatie. Autant dans l'air que dans l'eau au cours des premiers instants de bagarre, secouant frénétiquement la gueule, il n'a pas son pareil pour se décrocher et, si cela n'a pas réussi, il cherchera encore refuge sous une branche immergée ou au milieu d'un herbier.

En règle générale, ne pas hésiter à changer souvent de leurres et à essayer des «nouveautés». Des études américaines ont montré que le black est le poisson qui apprend le plus vite et se rappelle le plus longtemps les mésaventures piquantes. Les petites cuillers tournantes de type Mepps, ou les ondulantes légères équipées de dispositifs anti-herbe sont à réserver aux eaux peu pêchées. Les poissons nageurs de type rapala donnent en général d'excellents résultats, mais leur emploi est limité aux eaux libres de toute végétation aquatique. Les «poppers» et autres «bugs» sont en fait des poissons nageurs faits pour rester en surface et pêcher au milieu ou au-dessus des herbiers. On les utilise soit au lancer, soit pour les petits modèles avec une canne à mouche. En été, ce sont les meilleurs leurres à black et les plus amusants à employer. On en trouve de nombreux modèles en plastique, balsa ou polystyrène dans le commerce, mais un simple bouchon de liège tronqué avec une des faces taillée en biseau pour s'enfoncer un peu sous l'eau à la traction, collé à l'Araldite sur un gros hameçon et agrémenté de quelques plumes jaunes et vertes, fera aussi bien l'affaire. Les leurres souples enfin, très utilisés outre-Atlantique, sont ici encore de redoutables concurrents des appâts naturels.

Les truites et autres salmonidés de « réservoir »

Le moyen le plus efficace de capturer des truites dans un plan d'eau est encore la pêche... au coup. À l'asticot, au ver, à la «Vache qui rit», vous serez surpris de constater combien il est facile de remplir une bourriche. Si en plus vous amorcez, cela tourne au carnage, et d'ailleurs les amateurs de gardons le savent bien, qui doivent souvent abandonner un coup amorcé ne serait-ce qu'au blé, pour peu qu'il reste dans la ballastière quelques truites oubliées d'un précédent rempoissonnement. Sur 10 centièmes, les casses seront fréquentes, mais surtout pas un gardon ou autre petit cyprin ne restera dans les parages quand ces voraces viendront virevolter sur le coup. Les truites de pisciculture, perpétuelles affamées, qui n'ont vécu dans leurs bassins de béton que pour manger et digérer, été comme hiver, ne trouveront jamais à se rassasier dans une ballastière. Les comités d'entreprise qui louent ce type de plan d'eau et y font déverser, la veille du jour choisi, cent ou deux cents kilos d'arcs, savent bien que leurs sociétaires en auront pour leur argent, car à l'appât naturel, 90% des poissons déversés seront repris avant midi.

Mais si vous avez créé un réservoir à truites, ce n'est pas pour y prendre des truites avec des granulés, voire des morceaux de merguez... La pêche au lancer, aux leurres métalliques, peut être amusante à exercer, mais passés les résultats spectaculaires des premières journées, vous vous apercevrez vite que les truites s'éduquent rapidement et apprennent à se méfier de tout ce qui vrombit ou tournicote en jetant des éclairs métalliques. La vraie pêche en réservoir, ce pour quoi ce type de plans d'eau a été créé en Angleterre, est la pêche à la mouche. Le réservoir est un milieu aquatique radicalement différent de la rivière, et la grande erreur de nombreuses «vieilles mains» qui pratiquent en eaux vives depuis des années est de l'aborder avec un matériel inadapté et surtout des habitudes inutiles ici. Un débutant complet en matière de pêche à la mouche réussira souvent beaucoup plus vite en réservoir, qu'un pêcheur de truites qui a derrière lui plusieurs saisons de pêche à la mouche en eau courante.

La canne à mouche est l'outil principal en réservoir. Ici c'est de lancer dont il sera question. Lancer loin, lancer souvent, lancer vite et lancer longtemps. Lancer loin car les truites en réservoir ne se tiennent pas forcément près des berges, surtout lors d'une activité de surface (éclosions de chironomes qui ont souvent lieu au milieu du plan d'eau). Lancer vite car, en réservoir, les truites ne sont pas postées comme en rivière. Vous aurez tout au plus quelques secondes pour présenter votre mouche à un poisson repéré ou qui croise en surface ou à mi-eau. Une canne d'action rapide prend ici toute son importance. Lancer souvent et lancer longtemps, quand il n'y a pas d'activité de surface, en été par eau trop chaude ou en hiver et au début du printemps par eau trop froide. Il vous faudra alors pêcher l'eau, lancer et relancer inlassablement, pour explorer au mieux le plan d'eau que vous attaquez. Une

La pêche

Une belle « arc » victime d'une nymphe.

canne trop lourde vous aura brisé le poignet au bout d'une heure ou deux. La fibre de carbone est aujourd'hui le meilleur compromis entre la puissance demandée et la légèreté de la canne. Même par vent de face ou de travers, cette canne devra vous permettre de propulser souvent loin, toujours vite, une grosse mouche pas spécialement aérodynamique et qui sera quelquefois lestée. Puissance et rapidité seront également nécessaires pour ferrer efficacement une grosse truite à plus de vingt mètres du bord et l'amener ensuite à portée d'épuisette. La plupart des grandes marques offrent aujourd'hui des modèles « réservoir » dans les longueurs de 9 à 10 pieds qui conviennent parfaitement, à des prix très raisonnables.

Un pêcheur qui veut réussir en réservoir doit avoir sur lui au moins deux, souvent trois types de lignes : flottante, plongeante et intermédiaire, afin d'être en mesure de présenter ses mouches aux différents étages qu'occuperont les truites selon les saisons ou selon les moments de la journée. En été, l'eau de surface d'un réservoir a tendance à devenir très ou trop chaude pour les salmonidés qui ne viennent plus s'y alimenter. Le comportement alimentaire de ces poissons n'est pas pour autant arrêté. Il a simplement lieu à l'étage au-dessous, dans ce que les hydrobiologistes appellent l'hypolimnion (voir p. 99). Dès que la température de la couche de surface (épilimnion) atteindra et dépassera 21 ou 22°C, il sera vain d'y lancer ou d'y présenter une mouche. Aucune truite ne s'y aventurant, la probabilité de rencontre truite-mouche sera nulle. En revanche, la population de truites toute entière va, à ce moment-là, se trouver concentrée dans l'hypolimnion, à proximité du fond, et c'est à cet endroit bien évidemment qu'il faudra faire évoluer vos mouches. Pour ce faire, on peut bien sûr les plomber, mais outre qu'elles seront alors beaucoup plus difficiles à lancer, leur allure, leur

La pêche

*Les mouches attractives et autres streamers
sont très utilisées en réservoir.*

nage se trouveront gênées par ce lest et ne paraîtront pas aussi naturelles au poisson. L'idéal pour placer une mouche près du fond est de la présenter au moyen d'une soie très plongeante suivie d'un très court bas de ligne (au maximum un mètre, constitué tout simplement d'un seul brin de monofilament adapté à la taille de l'artificielle). Un bas de ligne à mouche classique, de 2,50 m ou 3 m, annihilerait les avantages d'une telle soie, car la mouche non plombée aurait tendance à rester, lors de la récupération très au-dessus du niveau où est descendue la soie. En hiver au contraire, pour peu que le soleil fasse son apparition, la couche de surface se réchauffera progressivement au cours de la journée, et des éclosions pourront y avoir lieu, même en plein mois de janvier. Les truites goberont alors en surface comme dans une rivière à la belle saison. La soie flottante sera de rigueur. À l'automne et au printemps, les poissons occuperont, selon le moment de la journée, les différents étages du plan d'eau, et le pêcheur devra les y localiser en essayant tour à tour des soies de densités variées. Comme en rivière, le moulinet à mouche ne sert ici que de réserve de ligne. Il sera simple, solide et léger et devra, derrière la soie, contenir au moins cinquante mètres de « backing ».

Les mouches, ici, n'auront souvent de mouche que le nom. Si quelques-unes sont bien sensées imiter les insectes qui éclosent ou que le vent pousse sur un plan d'eau, la grande majorité des modèles sont des mouches-leurres ou streamers, qui représentent quelquefois des poissonnets, des alevins et bien souvent rien du tout. Contrairement aux mouches imitatives, les mouches attractives ne cherchent pas à leurrer le poisson dans son comportement alimentaire. De couleur vive pour la plupart, elles ne correspondent à rien de vivant et ne représentent en aucun cas des proies dont les truites ont l'habitude de se nourrir. Ces mouches ne sont d'ailleurs efficaces que si elles sont animées très rapidement au bout de la soie. C'est leur mouvement plus que leur forme qui déclenchera un réflexe d'attaque de la truite. Les mouches-imitations ont ici beaucoup moins d'importance qu'en rivière. Seuls les chironomes, ces petits insectes de la famille des moustiques, au cours de leurs stades larvaires (vers de vase) ou nymphaux, représentent une part importante de l'alimentation des truites en réservoir. Sur certains plans d'eau en été, les phryganes ou trichoptères déclencheront le soir à la tombée de la nuit des éclosions massives et il sera toujours bon d'en avoir une imitation dans sa boîte.

La pêche des écrevisses

La méthode la plus connue est la pêche dite aux balances, mais alors que dans les eaux libres, leur nombre, leur diamètre et la taille de leurs mailles sont limités ou fixés par la loi, dans votre étang, vous pourrez pratiquer comme vous l'entendrez. Dans la pratique, les balances sont intéressantes à utiliser si des enfants vous accompagnent à la pêche. En effet, elles devront être visitées à intervalles réguliers et éventuellement changées de place. De plus, il faut bien reconnaître qu'en eaux dormantes, ces pièges sont nettement moins efficaces qu'en ruisseau. Le courant n'entraîne pas les effluves de l'appât aussi loin et la nourriture dans la plupart des plans d'eau est très abondante pour les écrevisses qui ne sont pas aussi affamées que leurs consœurs des eaux courantes. Comme appât, vous remplacerez le classique morceau de tête de mouton par des croquettes pour chat (n'importe quelle marque fera l'affaire). C'est beaucoup plus propre, facile à utiliser et aussi efficace. Une astuce consiste à enfermer les croquettes ou les boulettes dans un morceau de bas ou de collant féminin lui-même fixé par un élastique dans le fond de la balance. À défaut de balance, on peut, en confectionnant de petits sacs en bas-nylon appâtés de la sorte, et attachés au bout d'une ligne, capturer les écrevisses qui se prennent les rugosités et aspérités de leurs pinces dans les très fines mailles et ne peuvent pas se libérer avant d'être soulevées hors de l'eau.

En ballastière, le meilleur moyen pour attraper ces délicieux crustacés reste cependant et de loin la nasse (voir p. 30 pour leur confection). Cet engin travaille en effet jour et nuit et peut être relevé une fois par semaine en plan d'eau. Il importe de les placer près des bords, au voisinage des chevelus de racines ou des berges découpées. Selon les espèces (voir p. 95) que vous aurez introduites, vous appâterez au «Ron-Ron», avec des morceaux de poissons ou avec des rondelles de carottes ou de pommes de terre crues ou à peine cuites. L'espèce dite américaine (orconectes) semble en effet préférer les légumes à la viande. Avec les «grillages» plastiques de jardin, nous disposons aujourd'hui, d'un matériau peu onéreux et très facile à travailler. Contrairement aux nasses destinées à pêcher en rivière, la forme, le galbe n'auront ici que peu d'importance et des modèles cylindriques tout simples, à double entrée en entonnoir, conviendront parfaitement. Une demi-douzaine de ces engins seront facilement réalisés en quelques d'heures. Les fagots enfin, pour rudimentaires qu'ils soient, restent encore un moyen pratique pour prendre durant la nuit des écrevisses. Confectionnés assez lâches, ils seront lestés d'une pierre et amorcés en leur centre comme vu précédemment. À la différence des nasses, il faudra ici les relever tôt le matin, avant que les bestioles ne les quittent pour aller durant la journée trouver refuge dans leur trou.

La note aquatique près d'une résidence.

Entretiens

	ENTRETIENS ET TRAVAUX
JANVIER	*Débroussaillage* *Élagage*
FÉVRIER	*Nettoyage, réparation (cabane, barque, pontons, etc.)*
MARS	*Épandage bioplancton F** *Fumure organique**
AVRIL	*Épandage bioplancton F** *Fumure organique**
MAI	*Entretien des bordures (faucher l'herbe ou faire paturer des moutons ou un cheval)*
JUIN	*Faucardage des plantes aquatiques (nécessaire si absence d'amours blancs)*
JUILLET	*Contrôle de la température et du pH de l'eau*
AOÛT	*Contrôle de la température et du pH de l'eau*
SEPTEMBRE	*Deuxième traitement au bioplancton F**
OCTOBRE	*Deuxième traitement au bioplancton F**
NOVEMBRE	*Plantation d'arbustes sur les rives*
DÉCEMBRE	*Débroussaillage - Élagage*

* À réaliser un mois ou l'autre.

et travaux

ALEVINAGE ET ÉLIMINATION DES ESPÈCES NUISIBLES	OBSERVATIONS
Empoissonnement* cyprius (gardons, tanches, goujons...) *Pose trimmers (élimination de gros brochets)*	
Empoissonnement* cyprius (gardons, tanches, goujons...) *Pose trimmers (élimination de gros brochets)*	*Frai des brochets*
Élimination des œufs de perche déposés en rubans sur les bordures	*Frai des brochets*
Introduction amours blancs * amours argentés*	
Introduction amours blancs * amours argentés* *Élimination des brèmes (frai)*	*Frai des sandres*
Alevinage fingerlins de brochets	*Frai des gardons* *Frai des black-bass*
Élimination des boules de poissons-chats	*Frai des carpes* *Pose de nasses à écrevisses*
Pose de lignes de fonds à anguilles	*Pose de nasses à écrevisses*
Pose de nasses à écrevisses	
Empoissonnement cyprius* *+ amours blancs*	
Pose de trimmers (élimination des gros brochets)	

La législation

La «*loi Pêche*» et ses conséquences pour la gestion des étangs de pisciculture ou de loisir

La «*loi Pêche*» du 29 juin est théoriquement applicable depuis le 1er janvier 1986. Dans la pratique et devant les protestations des propriétaires d'étangs relayés par de nombreux élus, plusieurs décrets d'application et notamment ceux relatifs à la gestion des étangs, n'étaient toujours pas publiés ou étaient en cours de modification en 1989. La situation devrait être clarifiée prochainement.

Actuellement la loi Pêche sous réserve de ces prochaines et peut-être importantes révisions concerne, dans la théorie, tous les étangs dont les eaux sont en relation pemanente ou occasionnelle avec les eaux libres.

Dans l'état actuel très confus et conflictuel de la législation nous ne saurions trop conseiller aux actuels comme aux futurs propriétaires d'un étang de loisir, de lire l'excellent ouvrage du professeur Jehan de Malafosse *L'eau qui endort* publié en 1989 aux éditions Économica. Spécialiste du droit de la chasse, de la pêche et de la forêt, le professeur de Malafosse est chargé à l'université de droit de Paris II du droit de l'environnement, mais c'est également un homme de terrain, lui même pêcheur, propriétaire d'étang et responsable de nombreuses associations de défense de l'environnement.

Le lecteur trouvera ci-après les principaux textes d'application déjà publiés de cette loi. Les passages notés en gras par nous concernent tout particulièrement les propriétaires d'étangs ou de petits plans d'eau.

Textes officiels

« a) *Détails des articles de la* loi Pêche
« *ART. 401* (L. N° 84-512 du 29 juin 1984). La préservation des milieux aquatiques et la protection du patrimoine piscicole sont d'intérêt général. La protection du patrimoine piscicole implique une gestion équilibrée des ressources piscicoles dont la pêche, activité à caractère social et économique, constitue le principal élément.

« Rép. Pén., V. Pêche, 8s, 40s - Nouv. Rép. v. Pêche Fluviale, 4a.

« Le décret créant un parc national peut soumettre à un régime particulier et, le cas échéant, interdire la pêche à l'intérieur du parc (L. N° 60-708 du 22 juill. 1960., art. 2, Appendice VI, Parcs nationaux). - Pour les pénalités, V. décret n° 61-1195 du 31 octobre 1961, art. 39, Appendice VI, Parcs nationaux.

« L'acte de classement d'un territoire en réserve naturelle peut soumettre à un régime particulier et, le cas échéant, interdire la pêche à l'intérieur de la réserve, V.L. ,° 76-629 du 10 juill. 1976, art.18, Appendice VII, Animaux et Végétaux. - Il en est de même à l'intérieur des périmètres de protection qui peuvent être institués autour des réserves naturelles (art. 27 de la même loi).

*« *ART. 402.* **(L. N° 48-512 du 29 juin 1984). Sous réserve des dispositions des articles 432 et 433, les dispositions du présent titre s'appliquent à tous les cours d'eau, canaux, ruisseaux ainsi qu'aux plans d'eau avec lesquels ils communiquent même de façon discontinue.**
« Dans les cours d'eau et canaux affluant à la mer, les dispositions du présent titre s'appliquent en amont de la limite de salure des eaux.

*« *ART. 403.* **(L. N° 84-512 du 29 juin 1984). Les opérations de vidange de plans d'eau destinées exclusivement à la capture du poisson ne constituent pas une mise en communication au sens de l'article 402.**

« *ART. 404.* (L. N° 84-512 du 29 juin 1984). Les propriétaires des plans d'eau non visés à l'article 402 peuvent demander pour ceux-ci l'application des dispositions du présent titre pour une durée minimale de cinq années consécutives, dans des conditions fixées par décret en Conseil d'État.

« *ART. 405.* (L. N° 84-512 du 29 juin 1984). Sont soumis aux dispositions du présent titre tous les pêcheurs qui se livrent à la pêche dans les eaux définies à l'article 402, à quelque titre et dans quelque but que ce soit, et notamment dans un but de loisir ou à titre professionnel.

« *ART. 406.* (L. N° 84-512 du 29 juin 1984). Les dispositions du présent titre relatives aux poissons s'appliquent aux crustacés et aux grenouilles ainsi qu'à leur frai.

La législation

CHAPITRE II

DE LA PRÉSERVATION DES MILIEUX AQUATIQUES
ET DE LA PROTECTION DU PATRIMOINE PISCICOLE.

(L. N° 84-512 du 29 Juin 1984)

«*ART. 407.* (L. N° 84-512 du 29 juin 1984). Quiconque a jeté, déversé ou laissé écouler dans les eaux visées à l'article 402, directement ou indirectement, des substances quelconques dont l'action ou les réactions ont détruit le poisson ou nui à sa nutrition, à sa production ou à sa valeur alimentaire, sera puni d'une amende de 2 000 F à 120 000 F et d'un emprisonnement de deux mois à deux ans** ou de l'une de ces deux peines seulement. Le tribunal peut, en outre, ordonner la publication d'un extrait du jugement aux frais de l'auteur de l'infraction, dans deux journaux ou plus.
« En ce qui concerne les entreprises relevant de la loi n° 76-663 du 19 juillet 1976 relative aux installations classées pour la protection de l'environnment, l'avis de l'inspecteur des installations classées est obligatoirement demandé, avant toute transaction, sur les conditions dans lesquelles l'auteur de l'infraction a appliqué les dispositions de la loi précitée - V. Cir. 18 févr. 1985 (J.O. 3 avril).

«*ART. 408.* (L. N° 84-512 du 29 juin 1984). Lorsqu'ils sont de nature à détruire les frayères, les zones de croissance ou les zones d'alimentation ou de réserves de nourriture de la faune piscicole, l'installation ou l'aménagement d'ouvrages ainsi que l'exécution de travaux dans le lit d'un cours d'eau sont soumis à autorisation. Le défaut d'autorisation sera puni d'une peine de 2 000 F à 120 000 F.
« L'autorisation délivrée en application du présent article fixe des mesures compensatoires visant à remettre en état le milieu naturel aquatique.

«*ART. 409.* (L. N° 84-512 du 29 juin 1984). En cas de condamnation pour infraction aux dispositions des articles 407 et 408, le tribunal fixe, s'il y a lieu, les mesures à prendre pour faire cesser l'infraction ou en éviter la récidive et le délai dans lequel ces mesures devront être exécutées, ainsi qu'une astreinte définis à l'article 463.

«*ART. 410.* (L. N° 84-512 du 29 juin 1984). Tout ouvrage à construire dans le lit d'un cours d'eau doit comporter des dispositifs maintenant dans ce lit un débit minimal garantissant en permanence la vie, la circulation et la reproduction des espèces qui peuplent les eaux au moment de l'installation de l'ouvrage ainsi que, le cas échéant, des dispositifs empêchant la pénétration du poisson dans les canaux d'amenée et de fuite.**
« Ce débit minimal ne doit pas être inférieur au dixième du module du cours d'eau au droit de l'ouvrage correspondant au débit moyen interannuel, évaluer à partir des informations disponibles portant sur une période minimale de cinq années ou au débit à l'amont immédiat de

l'ouvrage, si celui-ci est inférieur. Toutefois, pour les cours d'eau ou parties de cours d'eau dont le module est supérieur à 80 mètres cubes par seconde, des décrets en Conseil d'État pourront, pour chacun d'eux, fixer à ce débit minimal une limite inférieure qui ne devra pas se situer en dessous du vingtième du module.

«L'exploitant de l'ouvrage est tenu d'assurer le fonctionnement et l'entretien des dispositifs garantissant dans le lit du cours d'eau le débit minimal défini aux deux alinéas précédents.

«Les dispositions prévues aux alinéas précédents seront étendues aux ouvrages existant à la date de la publication de la loi n° 84-512 du 29 juin 1984 relative à la pêche en eau douce et à la gestion des ressources piscicoles par réduction progressive de l'écart par rapport à la situation actuelle. Ces dispositions s'appliqueront intégralement au renouvellement des concessions ou autorisation de ces ouvrages. Dans un délai de trois ans à compter de la publication de la loi précitée, leur débit minimal devra, sauf impossibilité technique inhérente à leur conception, être augmenté de manière à atteindre le quart des valeurs fixées aux deuxième et troisième alinéas du présent article. Dans un délai de cinq ans, le Gouvernement présentera au Parlement un bilan de l'application du présent alinéa.

«La mise en œuvre des dispositions du présent article ne pourra donner lieu à indemnité.

«Les dispositions du présent article ne s'appliquent pas au Rhin et au Rhône en raison du statut international de ces deux fleuves.

«*ART. 411.* (L. N° 84-512 du 29 juin 1984). Dans les cours d'eau ou parties de cours d'eau et canaux dont la liste est fixée par décret, après avis des conseils généraux rendus dans un délai de six mois, tout ouvrage doit comporter des dispositifs assurant la circulation des poissons migrateurs. L'exploitant de l'ouvrage est tenu d'assurer le fonctionnement et l'entretien de ces dispositifs.

«Les ouvrages existants doivent être mis en conformité, sans indemnité, avec les dispositions du présent article dans un délai de cinq ans à compter de la publication d'une liste d'espèces migratrices par bassin ou sous-bassin fixée par le ministre chargé de la pêche en eau douce et, le cas échéant, par le ministre chargé de la Mer.

«Le classement des cours d'eau, parties de cours d'eau et canaux intervenu en application de l'art. 428-2° du Code rural antérieurement à l'entrée en vigueur de la loi n° 84-512 du 29 juin 1984 (fixée au 1ᵉʳ juillet 1985) vaut classement au titre de l'art. 411 (art. 12 de la loi).

«*ART. 412.* (L. N° 84-512 du 29 juin 1984). Ceux qui ne respectent pas les dispositions des articles 410 et 411 seront punis d'une amende de 1 000 F à 80 000 F. Lorsqu'une personne est condamnée en application du présent article, le tribunal peut décider que le défaut d'exécution, dans le délai qu'il fixe, des mesures qu'il prescrit aux fins prévues aux articles susmentionnées, entraînera le paiement d'une astreinte définie à l'article 463.

La législation

«*ART. 413.* (L. N° 48-512 du 29 juin 1984). Il est interdit, sous peine d'une amende de 2 000 F à 60 000 F:
« 1° D'introduire, dans les eaux visées par le présent titre, des poissons appartenant à des espèces susceptibles de provoquer des déséquilibres biologiques et dont la liste est fixée par décret. Le transport des poissons de ces espèces est interdit sans autorisation, délivrée dans les conditions fixées par décret en Conseil d'État;

«2° D'introduire sans autorisation dans les eaux visées par le présent titre des poissons qui n'y sont pas représentés. La liste de ces espèces représentées est fixée pr la ministre chargé de la pêche en eau douce. - V. Arr. 4 juin 1957, Appendice X, Pêche fluviale.

«3° D'introduire dans les eaux classées en première catégorie, en vertu du 10° de l'article 437, des poissons des espèces suivantes: brochet, perche, sandre et black-bass; toutefois, cette disposition n'est pas applicable aux lacs Léman, d'Annecy et du Bourget.

«4° D'introduire dans les eaux visées au présent titre, pour réempoissonner ou aleviner, des poissons qui ne proviennent pas d'établissements de pisciculture ou d'aquaculture agréés dans les conditions fixées par décret en Conseil d'État.

«*ART. 414.* (L. N° 84-512 du 29 juin 1984). Toute personne qui se livre à l'exercice de la pêche doit justifier de sa qualité de membre d'une association agréée de pêche et de pisciculture ou d'une association agréée de pêcheurs amateurs aux engins et aux filets sur les eaux du domaine public,** ou d'une association agréée de pêcheurs professionnels et avoir versé, en sus de sa cotisation statutaire, une taxe annuelle dont le produit sera affecté aux dépenses de surveillance et de mise en valeur du domaine piscicole national. Les taux de cette taxe sont fixés par décrets rendus sur propositions des ministres chargés de l'Agriculture et des Travaux publics, du Transport et du Tourisme, après avis du Conseil supérieur de la pêche institué auprès du ministre chargé de l'Agriculture. (V. Arr. 23 mars 1982 (D. et B.L.D. 1982. 232), mod. par Arr. 24 juin 1982 (D. et B.L.D. 1982 334) relatif à l'agrément des associations de pêche et de pisciculture; Décr. n° 71-1066 du 24 déc. 1971, Appendice X. Pêche fluviale.

«Les conjoints des personnes qui acquittent la taxe piscicole, les titulaires de la carte d'économiquement faible, les grands invalides de guerre ou du travail titulaires d'une pension de 85 p. 100 et au-dessus, les appelés pendant la durée du service national et les mineurs jusqu'à l'âge de seize ans sont dispensés de payer la taxe piscicole lorsqu'ils pêchent à l'aide d'une seule ligne équipée de deux hameçons simples au plus, pêche au lancer exceptée.

«À l'aide de cette ligne, les membres des associations agréées visés ci-dessous sont autorisés à pêcher gratuitement et sans formalités dans les eaux du domaine public ainsi que dans les plans d'eau où le droit de pêche appartient à l'État. Il en est de même dans les eaux autres que celles du domaine défini à l'article 1er du Code du domaine public fluvial et de la navigation intérieure, sous réserve de la permission de celui à qui le droit de pêche appartient.

«*ART. 432.* (L. N° 84-512 du 29 juin 1984). **À l'exception des articles 407 et 413, les dispositions du présent titre ne sont pas applicables aux piscicultures régulièrement installées et équipées de dispositifs permanents empêchant la libre circulation du poisson entre ces exploitations et les eaux avec lesquelles elles communiquent.** On entend par pisciculture les exploitations d'élevage de poissons destinés à la consommation ou au repeuplement ou à des fins scientifiques ou expérimentales.

«**Peuvent seuls créer des piscicultures ceux qui disposent d'un plan d'eau établi en application de l'article 433, 1° et 2°, ou qui ont obtenu, en application du présent article, soit une concession lorsque le droit de pêche appartient à l'État, soit une autorisation lorsqu'il appartient à un propriétaire riverain.**

«Ces concessions ou autorisations ne peuvent être accordées, après avis de la fédération départementale des associations agréées de pêche et de pisciculture, que si aucun inconvénient ne paraît devoir en résulter pour le peuplement piscicole des eaux avec lesquelles ces piscicultures communiquent. Les concessions et les autorisations sont délivrées pour une durée maximale de trente ans; elles peuvent être renouvelées.

«Les formes et conditions des concessions et autorisations sont fixées par décret en Conseil d'État. Ceux qui auront créé des piscicultures sans concession ou sans autorisation seront punis d'une amende de 1 000 F à 8 000 F et condamnés à remettre les lieux en état, sous astreinte définie à l'article 463, sans préjudice de l'application des dispositions du présent titre.

«*ART. 433.* (L. N° 84-512 du 29 juin 1984). **À l'exception des articles 407 et 413, les dispositions du présent titre ne sont pas applicables aux plans d'eau existant à la date de publication de la loi n° 84-512 du 29 juin 1984 précitée, établis en dérivation ou par barrage et équipés des dispositifs permanents empêchant la libre circulation du poisson entre ces plans d'eau et les eaux avec lesquelles ils communiquent.**

«**1° Soit s'ils ont été créés en vertu d'un droit fondé sur titre comportant le droit d'intercepter la libre circulation du poisson;**

«**2° Soit s'ils sont constitués par la retenue d'un barrage établi en vue de la pisciculture avant le 15 avril 1829 en travers d'un**

cours d'eau non domanial n'ayant pas été classé au titre du régime des échelles à poisson et non classé au titre de l'article 411 ;
« 3° Soit s'ils résultent d'une concession ou d'une autorisation administrative, jusqu'à la fin de la période pour laquelle la concession ou l'autorisation a été consentie. Les détenteurs de ces autorisations ou concessions peuvent en demander le renouvellement en se conformant aux dispositions de l'article 432.

« **Pourront seuls bénéficier des dispositions de l'art. 433 les titulaires de droits, concessions ou autorisations qui en auront fait la déclaration auprès de l'autorité administrative dans un délai d'un an à compter de l'entrée en vigueur de la loi n° 84-512 du 29 juin 1984 (Fixée au 1er juill. 1985) (art. 7 de la loi).**

Les déséquilibres biologiques : comment les éviter ?

« **Décret N° 85-1189 du 8 novembre 1985 fixant la liste des espèces de poissons, de grenouilles et de crustacés susceptibles de provoquer des déséquilibres biologiques.**

« Le Premier ministre,
« Sur le rapport du ministre de l'Environnement, Vu la loi n° 84-512 du 29 juin 1984 relative à la pêche en eau douce et à la gestion des ressources piscicoles ;
« Vu le titre II du livre III du Code rural, et notamment ses articles 406 et 413 ;
« Vu le décret n° 58-874 du 16 septembre 1958 modifié relatif à la pêche fluviale ;
« Vu l'avis du Conseil supérieur de la pêche en date du 22 mai 1985 ;
« Vu l'avis du Conseil national de protection de la nature en date du 20 juin 1985,
« Décrète :
« *ART. 1er.* — La liste des espèces de poissons, de grenouilles et de crustacés susceptibles de provoquer des déséquilibres biologiques dans les eaux visées au titre II du livre III du Code rural et dont l'introduction dans ces eaux est, de ce fait, interdite, est fixée comme suit :

« *POISSONS*

« **Le poisson-chat :** *Ictalurus melas ;*
La perche-soleil : *Lepomis gibbosus.*

« GRENOUILLES

« Les espèces de grenouilles (*Rana sp.*) autres que :
Rana arvalis : grenouille des champs ;
Rana dalmatina : grenouille agile ;
Rana iberica : grenouille ibérique ;
Rana honnorati : grenouille d'Honnorat ;
Rana esculenta : grenouille verte de Linné ;
Ranna lessonae : grenouille de Lessona ;

Rana perezi: grenouille de Perez;
Rana ridibunda: grenouille rieuse;
Rana temporaria: grenouille rousse;
Rana groupe esculenta: grenouille verte de Corse

« CRUSTACÉS
« Le crabe chinois: *Eriocheir sinensis.*
« Les espèces d'écrevisses autres que:
« ***Astacus astacus*: écrevisse à pattes rouges;**
***Astacus torrentium*: écrevisse des torrents;**
***Austropotamobius pallipes*: écrevisse à pattes blanches;**
***Astacus leptodactylus*: écrevisse à pattes grêles.**
« *Art. 2.* — L'article 29 du décret du 16 septembre 1958 modifié susvisé est abrogé.

« *Art. 3.* — Le présent décret entre en vigueur le 1er janvier 1986.

« *Art. 4.* — Le ministre de l'Environnement est chargé de l'exécution du présent décret, qui sera publié au Journal officiel de la République française.

Fait à Paris le 8 Novembre 1985.   Laurent Fabius

Par le Premier ministre: Le ministre de l'Environnement,
                                              Huguette Bouchardeau

Introduction d'autres espèces

« Décret N° 85-1307 du 9 décembre 1985 fixant les conditions d'autorisation d'introduction dans les eaux visées à l'article 413 du Code rural de poissons, de crustacés et de grenouilles appartenant à des espèces qui n'y sont pas représentées.

« Le Premier ministre,
Sur le rapport du ministre de l'Environnement,
Vu la loi n° 84-512 du 29 juin 1984 relative à la pêche en eau douce et à la gestion des ressources piscicoles;
« Vu le titre II du livre III du Code rural, et notamment ses articles 402, 404, 406, 413 (2°), 432, 433 et 466;
« Vu le Code pénal, et notamment son article R. 25;
« Vu l'avis du Conseil supérieur de la pêche en date du 22 mai 1985;
« Vu l'avis du Conseil national de protection de la nature en date du 20 juin 1985;
« Le Conseil d'État (section des travaux publics) entendu.

« Décrète:
« *Art. 1er.* — Le ministre chargé de la pêche en eau douce fixe par arrêté, après avis du Conseil national de protection de la nature et du Conseil supérieur de la pêche, la liste des espèces de poissons, de crus-

tacés et de grenouilles non représentées dans les eaux visées à l'article 413 du Code rural, dont l'introduction dans ces eaux peut être autorisée, en application du présent article.

« Cet arrêté détermine pour chacune des espèces de cette liste les conditions techniques dans lesquelles l'introduction de spécimens de l'espèce considérée peut être effectuée.

« L'autorisation d'introduction de spécimens de ces espèces est délivrée par arrêté du commissaire de la République du département où l'introduction est prévue.

« Dans les quatre mois qui suivent la réception du dossier complet de la demande, le commissaire de la République, sur le rapport du service chargé de la police de la pêche :

« 1° Soit notifie le rejet de la demande au pétitionnaire si les conditions techniques imposées par l'arrêté mentionné au deuxième alinéa ci-dessus ne peuvent pas être appliquées ;

« 2° Soit :

a) Consulte le délégué régional du Conseil supérieur de la pêche, la fédération départementale des associations agréées de la pêche et de pisciculture, ainsi que la commission de bassin mentionné à l'article 417 du Code rural ;

b) Puis statue sur la demande et notifie sa décision au pétitionnaire et aux maires des communes concernées qui procèdent immédiatement à l'affichage de cette décision pendant une durée d'un mois, ainsi qu'au délégué régional du Conseil supérieur de la pêche et de pisciculture.

« *Art. 2.* — L'introduction, dans les eaux visées à l'article 413 du code rural de poissons, de crustacés et de grenouilles appartenant à des espèces qui n'y sont pas représentées et qui ne figurent pas sur la liste mentionnée à l'article 1er ne peut être autorisée qu'à des fins scientifiques.

« Cette autorisation est délivrée, après avis du Conseil national de protection de la nature et du Conseil supérieur de la pêche, par le ministre chargé de la pêche en eau douce dans les quatre mois qui suivent la réception du dossier complet de la demande. L'arrêté d'autorisation est publié au Journal officiel de la République française et notifié au pétitionnaire.

« *Art. 3.* — Les autorisations mentionnées aux articles 1er et 2 du présent décret sont incessibles, elles sont délivrées pour une durée ne dépassant pas trente ans en ce qui concerne les autorisations mentionnées à l'article 1er et pour une durée ne dépassant pas dix ans en ce qui concerne les autorisations mentionnées à l'article 2. Elles sont renouvelables.

« *Art. 4.* — Lorsqu'il est donné suite à la demande, la décision du commissaire de la République ou du ministre détermine :

« 1° Le titulaire de l'autorisation ;

« 2° Le nom scientifique et le nom commun de l'espèce choisie, les objectifs de l'utilisation de cette espèce, les méthodes de gestion piscicole ou de suivi de population à appliquer, ainsi que le mode de capture des spécimens de l'espèce considérée ;

« 3° La localisation, la nature, la désignation du milieu récepteur, les aménagements à réaliser éventuellement, afin de rendre celui-ci compatible avec l'introduction de spécimens de l'espèce considérée, ainsi que toutes mesures nécessaires à la protection des milieux naturels aquatiques ;

« 4° Les précautions sanitaires à prendre pour s'assurer que les spécimens faisant l'objet de l'introduction ne sont pas porteurs de parasites ou d'organismes pathogènes contagieux ;

« 5° La provenance et les modalités de transport des spécimens utilisé, y compris la description des dispositifs servant au transport, ainsi que pendant celui-ci les modalités de renouvellement des eaux et les précautions sanitaires à prendre ;

« **6° La durée de l'autorisation, et le cas échéant, le délai de réalisation des travaux d'aménagement.**

« *Art. 5.* — La délivrance de l'autorisation visée à l'article 1er est subordonnée à l'engagement de remettre au commissaire de la République un rapport quinquennal, ainsi qu'un rapport final, dans un délai d'un an après la fin de la période de validité de l'autorisation sur la gestion des spécimens de l'espèce considérée.

La délivrance de l'autorisation visée à l'article 2 est subordonnée à l'engagement par le permissionnaire de ne pas céder les spécimens vivants à un tiers et de remettre au ministre chargé de la pêche en eau douce un rapport annuel ainsi qu'un rapport final, dans un délai d'un an après la fin de la période de validité de l'autorisation, sur les études entreprises qui nécessitaient l'utilisation de spécimens de l'espèce pour laquelle l'autorisation a été délivrée.

« *Art. 6.* — Lorsqu'il y a eu aménagement, le titulaire de l'autorisation remet les lieux en état à l'expiration de celle-ci, si elle n'est pas renouvelée.

« *Art. 7.* — Le retrait de l'autorisation est prononcé par l'autorité qui l'a délivrée :

— lorsque le permissionnaire n'a pas déféré, dans le délai imparti, à une mise en demeure ayant pour objet l'observation des prescriptions imposées ;

— à tout moment, en raison d'inconvénients constatés pour les peuplements piscicoles ou les milieux aquatiques.

Ce retrait ne peut donner lieu à indemnité.

« *Art. 8.* — Les frais de constitution du dossier, d'affichage et de publicité sont à la charge du pétitionnaire.

« *Art. 9.* — Toute personne qui n'aura pas respecté les prescriptions de l'autorisation sera punie de la peine d'amende prévue pour les contraventions de la 5ème classe.

« *Art. 10.* — Un **arrêté** du ministre chargé de la pêche en eau douce fixe la forme et le contenu de la demande d'autorisation.

« *Art. 11.* — Le présent décret entrera en vigueur le 1er janvier 1986.

« *Art. 12.* — Le Garde des sceaux, ministre de la Justice, et le ministre de l'Environnement sont chargés, chacun en ce qui concerne, de l'exécution du présent décret, qui sera publié au journal officiel de la République française.

Fait à Paris, le 9 décembre 1985 — Laurent Fabius

Par le ministre de l'Environnement, — Huguette Bouchardeau

Le garde des sceaux, ministre de la justice, — Robert Badinter

Espèces autorisées

« Arrêté du 17 décembre 1985 fixant la liste des espèces de poissons, de crustacés et de grenouilles représentées dans les eaux visées à l'article 413 du Code rural.

« Le ministre de l'Environnement,
« Vu la loi n° 84-512 du 29 juin 1984 sur la pêche en eau douce et la gestation des ressources piscicoles ;
« Vu le titre II du livre III du Code rural, et notamment ses articles 406, 413 ;
« Vu l'avis du Conseil supérieur de la pêche en date du 22 mai 1985 ;
Vu l'avis du Conseil national de protection de la nature en date du 20 juin 1985,
« Arrêté :
« *Art. 1er.* — En application de l'article 413 (2°) du Code rural il est interdit d'introduire sans autorisation dans les eaux visées à cet article des poissons, grenouilles et crustacés appartenant à des espèces qui n'y sont pas représentées. La liste des espèces représentées dans ces eaux est fixée comme suit :

FAMILLES	POISSONS
Acipenséridés :	*Acipenser sturio :* esturgeon.
Clupéidés :	*Alosa alosa :* grande alose ;
	Alosa fallax : alose feinte.
Salmonidés :	*Salmo salar :* saumon atlantique ;
	Salmo trutta f. fario : truite de rivière ;
	Salmo trutta f. trutta : truite de mer ;
	Salmo trutta f. lacustris : truite de lac ;
	Salmo trutta macrostigma : truite à grosses taches

La législation

	Salmo gairdneri: truite arc-en-ciel;
	Hucho hucho: huchon;
	Salvelinus alpinus: omble chevalier
	Salvelinus fontinalis: omble de fontaine (saumon de fontaine)
	Salvelinus namaycush: cristivomer;
	Thymallus thymallus: ombre commun;
	Coregonus spp: corégones.
Esocidés:	*Esox lucius:* brochet.
Umbridés:	*Umbra pygmea:* ombre pygmée.
Cyprinidés:	*Cyprinus carpio:* carpe;
	Carassius carassius: carassin;
	Carassius auratus: carassin doré;
	Barbus barbus: barbeau fluviatile;
	Barbus meridionalis: barbeau méridional;
	Gobio gobio: goujon
	Tinca tinca: tanche;
	Chondrostoma nasus: hotu;
	Chondrostoma toxostoma: toxostome;
	Abramis brama: brème;
	Blicca bjoerkna: brème bordelière
	Rutilus rutilus: gardon;
	Scardinius erythrophthalmus: rotengle
	Rhodeus sericeus: bouvière
	Alburnoïdes bipunctatus: spirlin;
	Alburnus alburnus: ablette;
	Leucaspius delineatus: able de Heckel;
	Leuciscus cephalus: chevaine;
	Leuciscus cephalus cabeda: chevaine cabeda
	Leuciscus leuciscus: vandoise;
	Leuciscus leuciscus burdigalensis: vandoise rostrée
	Leuciscus (Telestes) soufia: blageon
	Leuciscus (Idus) idus: Ide melanote;
	Phoxinus phoxinus: vairon.
Cobitidés:	*Misgurnus fossilis:* loche d'étang;
	Nemacheilus barbatulus: loche franche;
	Cobitis taenia: loche de rivière.
Siluridés:	*Silurus glanis:* silure glane.
Ictaluridés:	*Ictalurus melas:* poisson chat.
Anguillidés:	*Anguilla anguilla:* anguille.
Cyprinodontidés:	*Aphanius iberus:* aphanius d'Espagne
	Valencia hispanica: cyprinodonte de Valence
Gasterosteidés:	*Gasterosteus aculeatus:* épinoche
	Pungitius pungitus: épinochette
Poecilidés:	*Gambusia affinis:* gambusie
Mugilidés:	*Mugil cephalus:* mulet cabot;
	Liza ramada: mulet porc;
	Liza aurata: mulet doré;
	Chelon labrosus: mulet à grosse lèvre.
Atherinidés:	*Atherina boyeri:* athérine;
	Atherina presbyter: prêtre
Gadidés:	*Lota lota:* lotte de rivière.
Centrarchidés:	*Lepomis gibbosus:* perche soleil
	Ambloplites rupestris: crapet des roches;
	Micropterus salmoïdes: black-bass à grande bouche
	Micropterus dolomieu: black-bass à petite bouche
Percidés:	*Gymnocephalus cernua:* grémille;
	Perca fluviatilis: perche;
	Stizostedion lucioperca: sandre;
	Zingel asper: apron.
Blenniidés:	*Blennius fluviatilis:* blennie.
Cottidés:	*Cottus gobio:* chabot.
Pleuronectidés:	*Platichthys flesus:* flet.
Serranidés:	*Dicentrarchus labrax:* loup ou bar.
Osméridés:	*Osmerus eperlanus:* éperlan.
Cyclostomes:	*Lampetra fluviatilis:* lamproie fluviatile;
	Lampetra planeri: lamproie de Planer;
	Petromyzon marinus: lamproie marine.

La législation

FAMILLES	GRENOUILLES
Ranidés :	*Rana arvalis:* grenouille des champs; *Rana dalmatica:* grenouille agile; *Rana iberica:* grenouille ibérique *Rana honnorati:* grenouille d'Honnorat *Rana esculenta:* grenouille verte de Linné; *Rana lessonae:* grenouille de Lessona; *Rana perezi:* grenouille de Perez; *Rana ridibunda:* grenouille rieuse; *Rana temporaria:* grenouille rousse; *Rana groupe esculenta:* grenouille verte de Corse
FAMILLES	**CRUSTACÉS COMESTIBLES**
Astacidés : Cambaridés : Palaemonidés :	*Astacus astacus:* écrevisse à pattes rouges; *Astacus leptodactylus:* écrevisse à pattes grêles; *Astacus torrentium:* écrevisse des torrents; *Austropotamobius pallipes:* écrevisses à pattes blanches; *Pacifastacus leniusculus:* écrevisse de la côte Pacifique *Orconectes limosus:* écrevisse américaine. *Crangon crangon:* crevette grise; *Palaemon longirostris:* crevette blanche.

Situation des étangs au 31 décembre 1989 : pêche en eau douce et gestion des ressources piscicoles (loi 84-512)

Selon le mode d'alimentation en eau de votre étang, deux cas se présentent :

1. L'étang est alimenté par des eaux de ruissellement, des eaux de source, de forage, de pluie ou par les eaux d'un autre étang répondant lui-même aux critères ci-dessus. Il ne communique en amont avec aucun cours d'eau, et en aval, ce n'est qu'au cours des vidanges ou par l'évacuation d'un trop-plein, qu'il entre en communication avec les eaux libres. Cet étang ne relève pas du champ d'application de la loi Pêche, sauf en ce qui concerne toutefois, l'article 434 sur les vidanges. L'introduction d'espèces de poissons, grenouilles ou crustacés n'y est pas réglementée, pas plus que l'exercice de la pêche à la ligne.

2. L'étang est construit par barrage ou par dérivation d'un cours d'eau. Il communique en amont et en aval avec les eaux libres. Il entre dans le champ d'application de la loi. Deux cas sont alors à envisager :
a. L'étang a été construit avant le 15 avril 1829, en travers d'un cours d'eau non domanial, ou il a été créé en vertu d'un droit fondé en titre (article 433). Pour bénéficier de tous leurs droits et en particulier de pouvoir y pêcher librement à la ligne (sans acquitter de taxes piscicoles, sans respecter la législation réglementaire en vigueur ni les périodes d'ouverture et de fermeture, etc.), le propriétaire doit depuis le 1er janvier 1990 en faire la déclaration à l'administration (D.D.A.) avec les pièces justificatives. Attention, s'appliquent toutefois ici les articles 407 (relatif à la pollution) et surtout 413 (relatif à l'introduction d'es-

pèces). Seuls les poissons, crustacés et batraciens représentés sur la liste de cet article et en provenance de pisciculture agréées sont autorisés pour le rempoissonnement.

b. L'étang a été construit après le 15 avril 1829 et il n'existe pas de droit en titre. L'article 432 prévoit alors, si une autorisation d'enclos piscicole a déjà été demandée et obtenue, d'en faire la déclaration à la D.D.A. Au cas ou cette demande d'enclos piscicole (en fait autorisation de pisciculture) serait en cours, le propriétaire peut demander l'application de la procédure de réglementation simplifiée pour régulariser sa situation juridique. Dans ce cas de figure, depuis le 1er janvier 1990, le propriétaire et ses amis désirant pêcher dans cet étang doivent néanmoins avoir acquitté les taxes piscicoles, sans toutefois être obligés d'adhérer à une A.A.P.P. Il est bien évident que comme dans le cas précédent le propriétaire doit respecter lors d'introduction d'espèces, les termes de l'article 413 déjà cité.

Remarque

La loi ne définit pas le « cours d'eau ou le ruisseau » de l'article 402 qui fixe le champ d'application de la loi. La circulaire du 4 décembre 1985 précise que le fait d'être alimenté en amont par un « fossé » (exemple : par un autre étang) n'est pas une communication avec une eau libre. En cas de doute, seul le pouvoir judiciaire peut trancher. Le champ d'application de la loi n'étant pas profondément modifié, on peut rappeler un jugement récent rendu dans les Deux-Sèvres qui avait décidé que l'étang en question était hors du champ d'application de la loi puisque le fossé qui l'alimentait était à sec une partie de l'année, et n'avait aucun intérêt général pour la pêche. Il n'était donc pas un « cours d'eau » au sens de la police de la pêche.

Références

- Loi 84-512 du 29 juin 1984 relative à la pêche en eau douce (texte et débats parlementaires publiés au Journal officiel).
- Décret 85-1189 du 8 novembre 1985 (liste des espèces susceptibles de provoquer des déséquilibres biologiques).
- Circulaire du ministère de l'Environnement du 4 décembre 1985.
- Arrêté du 17 décembre 1985 (liste des espèces représentées dans nos eaux).

Pour en savoir plus

- Itavi, Cellule technique aquacole ; 21, rue du Rocher, 75008 Paris - Tél. (1) 45.22.92.41.
- Union nationale des syndicats de l'étang ; 6, rue de la Trémoille, 75008 Paris - Tél. (1) 47.20.36.32.

Glossaire

Alevin: jeune poisson.

Annélides: nom de l'embranchement zoologique qui regroupe les vers et les sangsues.

Arrêt: engin de braconnage pour prendre des brochets ou tous autres poissons carnassiers avec un vif.

Assec: état d'un étang vidé de son eau, généralement pendant l'hiver. L'assec est une pratique couramment réalisée en pisciculture traditionnelle.

Astacologue: spécialiste de l'étude des écrevisses.

Ballastière: plan d'eau creusé dans une vallée alluvionnaire pour l'extraction de granulats (utilisés jadis pour le ballast). Quand on extrait du sable, on obtient une sablière, du gravier, une gravière.

Biogénique: se dit de la capacité d'un milieu à accueillir et entretenir la vie animale et végétale.

Biomasse: quantité totale en poids des êtres vivants d'un milieu. On parle de la biomasse pisciaire pour les poissons d'un plan d'eau.

Bonde: moyen de vidange d'un étang situé à l'endroit le plus profond pour permettre l'écoulement des eaux.

Bug: leurre de surface employé pour la pêche du black-bass à la mouche.

Compactage: action de tasser une terre argileuse pour imperméabiliser le fond d'un plan d'eau.

Diagnose: identification d'une espèce.

Échosondeur: appareil qui génère des sons qui sont émis vers le fond, renvoyés par celui-ci et analysés par un mini-ordinateur. C'est en fait une sorte de radar ou sonar, qui permet de connaître

Glossaire

instantanément la profondeur d'un plan d'eau et même d'y détecter les poissons.

Épandage : action d'épandre un produit (engrais, insecticide, herbicide...) à la surface d'un plan d'eau.

Épizootie : épidémie dans le monde animal.

Eutrophisation : enrichissement d'un plan d'eau par les nutrients organiques et minéraux, qui aboutit au développement en son sein d'algues microscopiques et d'herbes aquatiques.

Faucardage : action de couper (faucher) les herbes aquatiques.

Floculation : précipitation d'une solution en flocons.

Frai : synonyme de reproduction chez les poissons.

Hypolimnion : couche profonde d'une masse d'eau dans un lac ou une grande ballastière, séparée de la couche de surface (ou épilimnion) par la thermocline ou zone de « saut thermique » qui marque la stratification des eaux en été comme en hiver.

Locher : accrocher un vif sur un hameçon avec une aiguille en lui passant le bas de ligne sous la peau.

Moine : partie emmergée de la bonde d'un étang, qui supporte généralement une crémaillère permettant de lever cette dernière.

Mycose : maladie due à des champignons.

Nappe phréatique : nappe d'eau située à l'intérieur du sol et alimentant les sources.

Nutrients : sels organiques ou minéraux en solution dans l'eau qui sont à la base de la chaîne alimentaire.

Popper : leurre de surface utilisé aux États-Unis pour la pêche du black-bass.

Streamer : mouche imitant un alevin ou un petit poisson.

Trimmer : engin de pêche et de destruction surtout destiné au brochet.

Tubifex : petit ver (annélide) qui vit à moitié enfoncé dans les fonds sablo-vaseux des étangs ou des ballastières, et dont se nourrissent les poissons.

Adresses utiles

Matériel d'analyses et de contrôle des eaux

- Prolabo B.P. 369, 75526 Paris cedex 11
- Merck 9, rue du Pr-Florence, 69003 Lyon

Centres de recherches en pathologie des poissons

- Laboratoire d'ichtyopathologie de l'INRA
  78850 Thiverval-Grignon. Tél. 30 56 45 45
- Laboratoire central de recherches vétérinaires
  22, rue Pierre-Curie, 94703 Maisons-Alfort

Remarque : de nombreux laboratoires des services vétérinaires départementaux effectuent également des diagnostics en pathologie pisciaire.

- INRA station lacustre de Thonon-Les-Bains. Suisse

Fournisseurs de poissons vivants pour alevinage

Région parisienne
- Eurofishing Sarl
  10, rue Mazet, 75006 Paris. Tél. 46 33 43 69
- Pêcheries de Vénables
  27940 Aubevoye. Tél. 32 53 41 20
- Pisciculture de Fontaine Heudebourg
  27490 Fontaine Heudebourg. Tél. 32 67 79 81

Région lyonnaise
- Coopepoisson
  01800 Meximieux. Tél. 74 61 05 58
- Le poisson des Dombes
  Le Roset-Cordieux, 01120 Montluel. Tél. 78 06 13 86

Adresses utiles

Région Centre
- Pisciculture Pommereau
  37700 Saint-Pierre-des-Corps. Tél. 47 44 21 43
- Pisciculture Escalon
  42130 Boen-sur-Lignon. Tél. 77 24 04 47

Région Est
- Centre piscicole de la Moselle, 57260 Dieuze. Tél. 87 86 90 04

Remarque : quelques pisciculteurs sont spécialisés dans l'empoissonnement des petits plans d'eau, et expédient sous garantie des poissons d'étang dans toute la France *via* les services du Sernam. Les sociétés Eurofishing et la pisciculture de Vénables sont particulièrement recommandées (tous poissons y compris les amours blancs et argentés, même en très petites quantités).

Europe du Nord
- Société luxembourgeoise d'aquaculture, 180 route de Longwy
  1940 Grand Duché du Luxembourg. Tél. (352) 44 78 78

Fournisseurs de « chaux et d'engrais »

- Société Paquien (« engrais spécial étang »)
  37700 Saint-Pierre-des-Corps
- Société Bioplancton S.A.
  1, boulevard Pierre Dupong
  L1430 Luxembourg. Tél. (19) 352 45 84 45

Distribution du Bioplancton F en France :
Pisciculture de Vénables,. Tél. 32 53 41 20

Entrepreneurs spécialisés dans les travaux d'étang

- Société Bidault
  Rue de Rivecourt, 60880 Le Meux. Tél. 44 41 51 79
- Entreprise Ruget
  Route de la Balme, 71330 St-Germain-du-Bois. Tél. 85 72 03 54

Les organisations professionnelles

- Uniap (Union nationale des intérêts aquatiques et piscicoles).
  Président M. de Dreuzy. Tél. 48 80 20 31
  Siège social : mairie de Chassy, 18800 Baugy
- Union nationale des syndicats de l'étang
  01390 St-André-de-Corcy. Tél. 72 26 42 28
- Itavi (Institut technique aquacole)
  21, rue du Rocher, 75008 Paris. Tél. 45 22 44 92

Bibliographie

Aménagement écologique et piscicole des eaux douces
J. Arrignon - Gauthiers

Traité de pisciculture
Huet

Pêche en étang, création, aménagement
B. Breton et R. Trumeau - Ouest-France

Pisciculture en étang
L. Chauderon - Club halieutique

Gestion piscicole des lacs et retenues artificiels
I.N.R.A.

La pisciculture en étang
R. Billand - I.N.R.A.

Carrières et ballastières : aménagement à des fins piscicoles et halieutiques
Publication C.S.P.-Compiègne

Pêche de loisir et alevinage dans les sablières de Côte-d'Or
A.I.E.E.-Dijon